Die Zeiten wenden sich in welche Richtung?

Liebe Leserinnen und Leser

© Dirk Wächter

Als ich anfangs der 1990er Jahre glaubte, das Geldsystem verstanden zu haben, stellte sich unmittelbar auch die Überzeugung ein, dass ich den Beginn einer neuen Zeitrechnung noch erleben würde. Heute, im Jahre drei nach Corona darf man feststellen, dass die Ahnung vermutlich zutreffend war. Für diese Wahrnehmung braucht es keine prophetischen Fähigkeiten, sondern nur den Mut, sich des Verstandes zu bedienen, wie es schon Kant forderte. Aber: Die Erkenntnis ist mit dem analytischen Blick auf das Geldsystem zwar leicht zu gewinnen, doch schwer anzunehmen.

Das Geld prägt unser Leben, es steuert die Ereignisse und es gestaltet unseren Planeten. Es ist *der* Faktor unserer Epoche.

Aber das Geld ist auch eine Substanz, die sich früher oder später selbst zerstört, eine Art «dark matter» wie man sie aus der Physik kennt oder eine Droge, die uns in eine Illusion führt, die wie jede andere an der Wirklichkeit zerschellen wird. Für dieses zwingende Ende gibt es drei wesentliche Gründe:

1. Unser Geld besteht zur Hauptsache aus unbezahlbaren Schulden. Dafür haben wir nicht einmal ein Wort. Monetäre Erbsünde? Den Menschen wird also früher oder später dämmern, dass sich das Versprechen des Geldes nicht erfüllen wird. Wie sich diese Erkenntnis verbreitet, wird von den Gesetzen der Massenpsychologie und denjenigen bestimmt, die über die entsprechenden Mittel verfügen, liegt also weitgehend ausserhalb unseres Einflusses.

Wir durchlaufen als Kollektiv die fünf Phasen, die Elisabeth Kübler-Ross für den Umgang mit dem Tod beschrieben hat.

2. Um zu überleben, muss das Geldsystem immer mehr Bereiche der Natur und der menschlichen Tätigkeit monetarisieren und ausbeuten. Ewiges Wachstum ist in einer endlichen Welt nicht möglich. Man kann die Zitrone nicht auspressen bis Blut kommt.
3. Das Geldsystem bewirkt eine unsichtbare Umverteilung von arm zu reich. Wer hat, dem wird gegeben, ganz besonders in Krisenzeiten. Während die Weltbevölkerung unter der Pandemie litt, verdoppelten die zehn reichsten Männer ihr Vermögen. Auch dieser Prozess wird ein höchst bitteres Ende finden, wenn er nicht vorher durch Einsicht gestoppt wird.

Die Erkenntnis der Endlichkeit unseres Geldes und damit einer ganzen Epoche von Rechtsbeziehungen und Vermögensverhältnissen ist sehr schmerzhaft. Vermutlich durchlaufen wir als Kollektiv dieselben fünf Phasen, die Elisabeth Kübler-Ross für den Umgang mit dem Tod beschrieben hat: 1. Nicht-Wahrhaben-Wollen; 2. Zorn; 3. Verhandeln; 4. Depressionen; 5. Zustimmung

Wo stehen wir heute? Es spricht einiges für die Phase 2, den Zorn. Mit Gewalt wurde die Welt mit einer «Pandemie» überzogen. Und jetzt sprechen die Waffen und die Sanktionen, ein freundlicheres Wort für Wirtschaftskrieg. Sie werden uns natürlich nicht aus der Sackgasse führen, weder der Gewalt noch des Geldes. Es werden also Deals wie der «Great Reset» von Klaus Schwab verhandelt. Er soll uns besitzlos aber «happy» machen. Er wird die Illusion, in der wir stecken, nicht beenden, sondern in eine noch gewaltigere führen – zur Unterwerfung der Menschheit unter die Macht der Algorithmen, kontrolliert von den Wenigen, die von der Illusion profitieren.

Und damit sind wir bei dieser Ausgabe des Zeitpunkt angelangt. Als wir uns vor einem Jahr das Thema «Reset oder Renaissance» vornahmen, sah die Welt noch ganz anders aus – zwar schon reichlich «new normal», aber noch nicht an der Schwelle eines Flächenbrandes. Viele Inhalte mussten wir in der Zwischenzeit wieder über Bord werfen.

Vor allem aber, und dies ist für mich als verantwortlicher Herausgeber besonders unangenehm: Es gibt schon wieder keine Rezepte, wie wir uns und die Welt in Sicherheit bringen können. Aber es gibt, so denke ich, ein paar gute Anregungen, diese Zeit aus grösserer Perspektive zu betrachten und eine Richtung zu erkennen, in die die Reise geht. Wie lange sie dauern wird, hängt wohl weniger von den Ereignissen ab als vom Bewusstsein und der Geschwindigkeit seiner Veränderung.

Die Israeliten brauchten für ihre 700 Kilometer lange Reise ins Gelobte Land, die mit gemächlichen 10 Kilometern pro Tag in zwei, drei Monaten zu schaffen gewesen wäre, 40 Jahre. Offenbar war man sich schon damals über die Route nicht ganz einig. Das wird uns auf dem Weg in die nächste Zeit nicht anders ergehen.

Wie leicht es zu Verzögerungen kommt, erfahren Sie als Leser und ich als Verleger anhand der vorliegenden Ausgabe, die schon vor Monaten hätte erscheinen müssen. Ob es so schlau war, mich in der Pandemiezeit als Initiant von Bewegungen wie den Freunden der Verfassung oder einer Informationsplattform wie der Corona-Transition zu betätigen, wird die Zukunft weisen. Auf alle Fälle kosteten diese Aktivitäten viele Ressourcen, die dem Zeitpunkt abgingen.

Ich hoffe, dass Sie als Leser Ihr Urteil noch aufschieben und dem Zeitpunkt eine weitere Chance geben. Ich hoffe, es wird die Letzte sein, um die ich Sie bitte.

Mit herzlichen Grüssen
Christoph Pfluger, Herausgeber

Das bringt der Zeitpunkt 168

AFRO-
PFINGSTEN
FESTIVAL
WINTERTHUR
01 — 05 06 22
AFRO-PFINGSTEN.CH
BUY YOUR TICKETS
NEU AM TEUCHEL-WEIHER
RICHARD BONA • NKULEE DUBE
ANTHONY B • SONA JOBARTEH
NONGOMA FT. MBC • LA NEFERA • LAS KARAMBA
SAMORA • BAZURTO ALL STARS
VALERIE EKOUME • SITI & THE BAND
APPENZELLER BIER
brewbee
Stadt Winterthur
artischock.net
TOP
Der Landbote
AFRO PFINGSTEN

Warum wir Unterdrücker lieben

Die Gesellschaft leidet unter dem Stockholm-Syndrom

Von Mathias Bröckers

Ein Gefangener auf Freigang, Jan Erik «Janne» Olsson, überfiel 1973 mit einer Maschinenpistole bewaffnet eine Bank im Stadtzentrum von Stockholm. Er schoss in die Decke und rief: «The Party has just begun». Er nahm vier Bankangestellte als Geiseln, forderte die Freilassung seines Mithäftlings Clark Olofsson, der zu ihm gebracht werden sollte, samt 3 Millionen Kronen, Waffen und einem Fluchtwagen. Die Geiselnahme zog sich mehr als fünf Tage hin und endete «unblutig». Nachdem die Polizei Gas in die Bank eingeleitet hatte, gaben die Geiselnehmer auf.

In die Geschichte ist dieses Verbrechen eingegangen, weil sich die im Tresorraum gefangenen Opfer während dieser Zeit mit den Geiselnehmern arrangierten, Sympathien für sie entwickelten und sich weniger von den Tätern als von den Aktionen der Polizei bedroht sahen. Diese psychologische Reaktion, die auch bei anderen

Illustration: illustrationsource.com

Geiselnahmen beobachtet wurde, wird seitdem «Stockholm-Syndrom» genannt. In der Psychoanalyse wurde dieses unbewusste Motiv zur Abwehr angstvoller, traumatischer Erfahrungen auch als «Identifikation mit dem Aggressor» beschrieben, zuerst von Wilhelm Reich, der diesen Abwehrmechanismus in seinen Werken «Charakteranalyse» (1933) und «Massenpsychologie des Faschismus» (1934) untersucht hatte, wie sich ein ganzes Volk freiwillig einer Diktatur unterwirft und sich wie ein Kind von gewalttätigen Eltern mit dieser repressiven Autorität identifiziert.

Inwieweit dieser individualpsychologische Mechanismus als Folge von Angst und traumatischen Erfahrungen auch auf Kollektive übertragbar ist und eine ganze Gesellschaft einen «autoritären Charakter» ausbildet, darüber haben sich seitdem namhafte Sozialpsychologen (Fromm, Marcuse, Adorno, Arendt, Foucault u.a.) Gedanken gemacht, ohne zu einem einheitlichen

Schluss zu kommen. Klar scheint nur, dass die Erzeugung fundamentaler Angst diesen psychischen Abwehrprozess in Gang setzt.

Mir waren diese Zusammenhänge, mit denen ich mich im Studium intensiver befasst hatte, vor 20 Jahren nach den 9/11-Anschlägen wieder in den Sinn gekommen, als zum «War on Terror» geblasen wurde. Einem Kapitel in «Verschwörungen, Verschwörungstheorien und die Geheimnisse des 11.9.» war dort ein Zitat aus dem Roman «Illuminatus» von Robert Anton Wilson von 1975 vorangestellt:

«Beim derzeitigen Stand werden die Illuminaten das amerikanische Volk innerhalb der nächsten paar Jahre unter eine strengere Aufsicht stellen, als es Hitler mit den Deutschen machte. Und das Schönste daran ist noch, dass die Mehrzahl der Amerikaner durch die von Illuminaten gedeckten Terroranschläge so weit in Angst versetzt sein werden, dass sie darum betteln werden, kontrolliert zu werden, wie der Masochist nach der Peitsche wimmert.»

Das war, ein Vierteljahrhundert bevor die Bush-Regierung sofort nach 9/11 ein 250-seitiges Überwachungs,- und Kontrollgesetz namens «Patriot Act» fertig aus der Schublade zog, das der – selbstverständlich «patriotische» – US-Kongress ungelesen und dankbar durchwinkte. Das Zitat ist eine ziemlich realistische Prognose, die einmal mehr verdeutlicht, dass es sich bei sogenannten «Verschwörungstheoretikern» oft um Wahrsager handelt.

Fast Forward 2020/21 sehen wir die Massen von einem mysteriösen «Killervirus» wieder in derart panische Angst versetzt, dass sie schärfere Überwachungs- und Kontrollgesetze nicht nur hinnehmen, sondern sich damit identifizieren und um den «Booster» betteln, eine «Impfung» genannte Gentherapie. Und die «Wachhunde der Demokratie», die Medien, tun nichts anderes, als nach der Peitsche zu wimmern: Laut einer Studie der Rudolf-Augstein-Stiftung von Anfang November

Viele glauben nichts, aber fürchten alles.
Hebbel

Ein ganzes Volk unterwirft sich freiwillig einer Diktatur und identifiziert sich wie ein Kind gewalttätiger Eltern mit dieser repressiven Autorität.

2021 bestand der regierungskritische Ansatz der Medien während der Pandemie vor allem darin, für noch härtere Massnahmen einzutreten. Wie zu diesem Zweck Kritik und Warnungen konsequent weggebissen und die «Fakten» auf die Reihe gebracht wurden, zeigte zum Beispiel der «ZDF-Faktencheck» vom 6. Mai 2020:

«Prominente Verschwörungstheoretiker wie Ken Jebsen fürchten eine Impfpflicht durch die Hintertür, wie er in einem über zwei Millionen mal geklickten youtube-Video sagt. Wer keinen Immunitätsausweis habe, könne an bestimmten Veranstaltungen nicht mehr teilnehmen, so die Befürchtung. (…) Eine Sprecherin des Gesundheitsministeriums vermutet hinter dem Online-Geraune … eine Agenda: ‹Es handelt sich um eine Kampagne, die in den sozialen Medien losgetreten wurde, wo fälschlicherweise behauptet wird, eine Impfpflicht wäre geplant.›»

Psychologie als Waffe

Das bewusste Schüren von Angst gehörte in vielen Ländern zum Standardrepertoire der Beeinflussung. Die britische Regierung spannte dazu sogar eigens eine Beratergruppe ein, die *Scientific Pandemic Insights Group on Behaviours* (SPI-B). Sie instruierte die Regierung, das Coronavirus als möglichst gefährlich darzustellen, weil sich ihrer Ansicht nach eine beträchtliche Anzahl von Menschen nicht «ausreichend persönlich bedroht» gefühlt hätten.

Ein Mitglied der Beratergruppe sagte der Zeitung The Telegraph: «Ohne einen Impfstoff ist die Psychologie die Hauptwaffe (…). Die Psychologie hat eine wirklich gute Epidemie gehabt.» Ein anderer Forscher der Gruppe sagte, er sei fassungslos, wie die Verhaltenspsychologie zur Waffe umgewandelt worden sei. «Psychologen … haben zu viel Macht und das berauscht sie.»

Corona-Transition/Red.

Dass 18 Monate später genau das eingetreten ist, war dann freilich kein Grund, den als gefährlichen Lügner diffamierten Kollegen Ken Jebsen zu rehabilitieren, im Gegenteil: Die Grossmedien redeten weiteren Verschärfungen inklusive Impfpflicht das Wort. Mit einem Masochismus der Medienbranche, der Masken, Lockdowns und Spritzen Lustgewinne bescheren, lässt sich das aber nicht erklären. Hier scheint eher ein kollektives Stockholm-Syndrom vorzuliegen, das sich von immer neuen Schreckens-Prophezeiungen nährt und sich mit immer drakonischeren Massnahmen identifiziert.

«Wie wird die Welt regiert und in den Krieg geführt? Diplomaten belügen Journalisten und glauben es, wenn sie's lesen», hatte Karl Kraus zu Beginn des Ersten Weltkriegs notiert, nachdem auf eine Falschmeldung der deutschen und österreichischen Presse über einen französischen Bombenabwurf auf Nürnberg Ende Juli 1914 unmittelbar die Kriegserklärung an Frankreich erfolgt war. Dieser fingierte Bericht (Fake News!) war für ihn die Urlüge und das Paradebeispiel für die Manipulation der Massen in Kriegszeiten, die Kraus dazu führte, «den Journalismus und die intellektuelle Korruption, die von ihm ausgeht, mit ganzer Seelenkraft zu verabscheuen».

Zu einer solchen Abscheu hat der Journalismus auch in zwei Jahren «Krieg gegen Viren» wieder reichlich Gründe geliefert. Als Panikorchester beförderten die Grossmedien die Permanenz des Ausnahmezustands und sorgten so für die Formierung der in Schrecken versetzten Massen: Nie flimmerten mehr Krankenhausbetten und Intensivstationen über die Bildschirme (die in der Realität allerdings abgebaut wurden), nie mehr Beatmungsgeräte und «schwere Verläufe» (auch wenn es 2020 nicht mehr tödliche Atemwegserkrankungen als üblich gab), nie wurden mehr unsichtbare Gefahren («Inzidenzen») beschworen, und damit die Notwendigkeit, in diesem ungewinnbaren «Krieg gegen Viren» weiter aufzurüsten und Kontroll-, Überwachungs- und Repressionsmassnahmen einzuführen, die jedem Machiavellisten feuchte Träume bescheren. Wobei auch Niccoló Machiavelli wohl das Opfer eines posttraumatischen Stockholm-Syndroms war, denn er schrieb seinen berühmten Ratgeber «Il Principe» über die Techniken autoritärer Machtpolitik, nachdem er 1512 gerade aus dem Gefängnis entlassen war, wo man ihn wegen seiner republikanischen Ansichten schwer gefoltert hatte. Noch mit verkrüppelten Händen von den Torturen des «Strappado» befürwortet er in seinem Buch Folter als Mittel politischer Machterhaltung und widmete das Werk seinen Folterern höchstselbst, den Medici.

Nun ist es zwar nicht so, dass die Regierung für ihre massiven Freiheitseinschränkungen schon Widmungen und Dankesschreiben bekommen hätte, doch mehrheitlich nimmt die Bevölkerung widerspruchslos hin, dass jetzt selbst uralte Menschenrechte (Habeas Corpus!) ausser Kraft gesetzt werden können. Selbst in der traditionell freiheitlich gesinnten Schweiz stimmten Ende November 62 Prozent für den Beibehalt der Covid-Gesetze. In Deutschland waren im November 2021 60 Prozent der Meinung, die Massnahmen gingen nicht weit genug – bis zu Plakaten «Deutsche, kauft nicht bei Ungeimpften!» scheint es nicht mehr weit –, in Österreich haben diese Armen bereits Ausgangsverbot. Selbst «woke» Vegan-Familien, wo gespritztes Gemüse, Gentechnik und Bayer/Monsanto eigentlich tabu sind, lassen die Kinder mit Pfizer/Moderna spritzen. Ehemals Linke plädieren

Der regierungskritische Ansatz der Medien bestand während der Pandemie vor allem darin, für noch härtere Massnahmen einzutreten.

Die Bevölkerung nimmt mehrheitlich widerspruchslos hin, dass jetzt selbst uralte Menschenrechte ausser Kraft gesetzt werden können.

für den technokratischen Wahnsinn eines Zero-Covid-Totalitarismus. Einstige Liberale haben mit der immer schärferen Desinfektion des Meinungskorridors kein Problem und die Intellektuellen halten entweder den Mund oder irrlichtern wie Jürgen Habermas, der sich in einem Krieg von «Species gegen Species» wähnt, in Apologien des Ausnahmezustands, die einem Carl Schmitt alle Ehre gemacht hätten (nur dass der besser schreiben konnte ;-).

Wie es kommt, dass massive Rechts- und Freiheitseinschränkungen und Impf-Pflichten von einer grossen und sehr diversen Mehrheit nicht nur hingenommen, sondern sogar gefordert werden, die Panik-Orchester der Medien bei der Manipulation und Formierung der Massen derart erfolgreich waren, hat nicht allein mit der Angst-Propaganda vor dem «Killervirus» zu tun. Dass die «Formatierung» der Massen so leicht und selbstverständlich gelang, so der klinische Psychologe Prof. Mattias Desmet, hat Gründe, die schon lange vor Covid existierten: im Mangel von emotionalen Bindungen im sozialen Raum, in der weit verbreiteten Empfindung, sinnlose Arbeit («Bullshit-Jobs», David Graeber) zu verrichten und in der Tatsache, das Angst-Störungen und Depressionen schon vor Covid auf dem Weg zu «Volkskrankheiten» waren: in Belgien werden für 11 Millionen Menschen pro Jahr 300 Millionen Dosen Anti-Depressiva verschrieben, in anderen westlichen Gesellschaften sieht

Es ist jetzt eine Verschwörungstheorie zu glauben, dass das Immunsystem die Aufgabe erledigen kann, für die es gedacht ist.

es kaum besser aus; die USA verzeichneten 2020 über 100'000 Opioid-Tote.

In einer solchen beklemmenden, isolierten, bindungslosen Situation werden kollektiver Maskenzwang, Lockdowns und Impfpflichten als Wiederkehr der verlorenen Einbindung in ein soziales Ganzes positiv empfunden. Und das offizielle Narrativ vom Killervirus und der einzigen Rettung durch permanentes Impfen wird ebenso dankbar angenommen, wie jede Kritik und Widerrede hoch emotional abgelehnt wird und Andersdenkende als «Leugner», «Querdenker», «Ungeimpfte» mit wachsender Diskriminierungslust zu Sündenböcken stigmatisiert werden. Wo dann ein Weltärztepräsdident Montgomery zum Kampf gegen die «Tyrannei der Ungeimpften» aufrufen und ein neuer Bundeskanzler machtbesoffen verkünden kann, für seine Regierung gäbe es «keine roten Linien» mehr und ein Bundesverfassungsgericht den mit Zahlenkonfetti und Datensalat begründeten «Notstand von nationaler Tragweite» ungeprüft durchwinken und der Regierung das Ausserkraftsetzen der Verfassung nach Gusto weiterhin gestatten kann – und dieses Narrativ von einer Mehrheit attraktiv empfunden wird. Weil es eine Illusion von Kontrolle und ein neues, «zertifiziertes» Wir-Gefühl beschert. Selbst der ärmste Wicht, der mit Maske vor der Glotze auf den Booster wartet, hat jetzt jemanden, dem er die Schuld an seiner Misere zuschieben kann.

Letzte Meldung aus der bizarren Welt der Neuen Normalität: Junkfood bei McDoof nur noch mit digitalem Gesundheitsausweis! Aber «Ivermectin», das billige, milliardenfach bewährte Anti-Parasiten-Mittel, «das in fast allen Stadien von Covid-19 hilft» wird von den Panik-Orchestern weiter als gefährliche Pferdeentwurmung geschmäht. Wobei das Argument, dass keine ausreichenden Studien für die Wirksamkeit der patentfreien Pillen vorlägen, eigentlich zum Schmunzeln ist, angesichts der Wirksamkeit der «Impfstoff» genannten Präparate, die weder vor Infektionen noch vor Infekti-

Seit dreissig Jahren versuche ich nachzuweisen, dass es keine Kriminellen gibt, sondern normale Menschen, die kriminell werden.
Georges Simenon

osität schützen, bestenfalls einem «schweren Verlauf» vorbeugen und gleichzeitig häufige und schwerwiegende Nebenwirkungen zu haben. Doch davon will man unter der grossen Blase des Corona-Traumas derzeit so wenig hören wie einst die Geiseln in Stockholm von den Befreiungsaktionen der Polizei. Eine Welt, in der sich ohne SmartHealthCard und Zwangs-Abo bei der Pharma-Oligarchie kein Mensch mehr frei bewegen kann, wünscht sich zwar niemand, aber wenn die «Pandemie» anders nicht in den Griff zu kriegen ist, muss es eben sein.

Wir sehen: Im Aufwachraum wird zwecks post-traumatischer Therapie künftig einiges zu tun sein. Bis es soweit ist, muss sich wahrscheinlich aber auch noch der fünfte und sechste Booster als Schuss in den Ofen erweisen und die Einsicht durchsetzen, dass man gegen die Supermacht des Lebens – die Viren – keinen Krieg gewinnen kann, wenn man mit Vakzin-Spatzen gegen ihre Mutations-Kanonen feuert. Pandemiepolitik, Transhumanismus und die grosse Transformation. ●

Mathias Bröckers ist Gesinnungsgenosse, Redaktionsfreund und regelmässiger Autor des Zeitpunkt. Er ist einer der meistgelesenen kritischen Autoren deutscher Sprache und der Welt erster Konspirologe, einen Beruf, den er selbst entwickelt hat. Er lebt in Berlin und Zürich und und führt einen höchst lesenswerten Blog, wo der vorliegende Text (hier leicht gekürzt), erstmals erschienen ist (broeckers.com).

Von Mathias Bröckers sind im vergangenen Jahr erschienen:

Mythos 9/11 – die Bilanz des Jahrhundertverbrechens, 20 Jahre danach. Westend. 143 S. € 14.–

11.9. – 20 Jahre danach, Einsturz einer Legende. Westend. 1192 S. € 18.–. Dabei handelt sich um eine Volksausgabe der drei Bücher von Mathias Bröckers zum Thema, je eines mit den Ko-Autoren Andreas Hauß und Christian C. Walther.

Das fünfte Flugzeug – der 9/11 Thriller. Mit Sven Böttcher. 426 S. fifty-fifty. € 12.–

Mit einem Befreiungsschlag fing es an

Als Berufsschullehrer ist es der Berner Adrian Theilkäs gewohnt, sein Wissen zu teilen. Also leitete er ein Video von Prof. Sucharit Bhakdi an seine Schüler weiter. Die Schulleitung warf ihm vor, er verbreite Verschwörungstheorien und erteilte einen Verweis.

Er versuchte, seinen Standpunkt mit Statistiken und Studien zu untermauern, ohne Erfolg. Adrian spürte, dass sich der Kampf gegen seinen systemtreuen Arbeitgeber nicht lohnen würde. «Mir wurde klar, dass es überhaupt nicht um Bildung geht», erklärt er rückblickend.

Adrian machte sich zu einer Visionssuche auf und verbrachte mehrere Tage in freier Natur. Er stellte sich seinen Ängsten. Sturm und Wind brachten ihn zwar an seine Grenzen, doch er blieb standhaft: «Irgendwann realisierst du, dass es sich nur um ein Gedankenkonstrukt handelt und sich deine Ängste im Kopf abspielen.»

Schnell sei ihm klar geworden, dass er einen neuen Pfad einschlagen müsse. Er kündigte seinen Job und verzichtete auf ein sicheres Einkommen. «Es war ein Befreiungsschlag; der Druck fiel von mir ab. Endlich hatte ich wieder Platz, um kreativ zu sein.»

Gemeinsam mit seinem langjährigen Schulfreund Severin Erni entwarf er ein Konzept für ein alternatives Schulmodell für Homeschooler. «Ich hegte schon länger den Wunsch, als Mentor – ausserhalb eines Familiensystems – zu fungieren.»

Foto: zVg

Das Projekt nahm rasch an Fahrt auf und kam bei den Homeschoolern sehr gut an. «Du triffst die richtigen Menschen, und die Dinge nehmen ihren Lauf», erzählt Adrian und vergleicht die Dynamik mit dem Flow-Zustand.

Im August ist das «Freilernwerk» in Säriswil mit sechs Schülern gestartet und zählt mittlerweile dreizehn Jugendliche; eine Unterrichtsform, die auf Freiwilligkeit basiert und die Neugierde der Schüler weckt. Mit diesem Pionierprojekt habe er sich einen Wunsch erfüllt, der nichts mehr mit Arbeit oder Geldverdienen zu tun habe. Er hofft, dass weitere Menschen den Mut haben, ihre Ideen umzusetzen. Er ist überzeugt: «Ist der Pioniergeist einmal erweckt, wird sich alles fügen und Neues entsteht.» *Barbara Hagmann*

Kontakt: atheilkaes@yahoo.com

Mehr dazu: zeitpunkt.ch/homeschooler-uebernehmen-die-verantwortung-fuer-ihre-bildung-selbst

Weitere Mutmacher: **angstfreie-schweiz.ch**

Pandemiepolitik, Transhumanismus und die grosse Transformation

In einem Machbarkeitswahn und in naiver Technikbegeisterung wollen das Silicon Valley und das Weltwirtschaftsforum alles menschlich Unvollkommene überwinden und der angeblich überlegenen Technik einverleiben.

Von Bernd Schoepe

Der Transhumanismus als Ideengeber der Pandemiepolitik

Der Transhumanismus spielt hierzulande im öffentlichen Bewusstsein noch immer keine grosse Rolle, obwohl transhumanistische Innovationen und Konzepte in Zeiten von Corona einen geradezu historischen Boom erleben und auf der Ebene global konzertierter Massnahmen der Pandemiebekämpfung stark an Bedeutung gewinnen.

Das ist insofern etwas verwunderlich, als dass gerade auch in Deutschland die Innovationskraft des Silicon Valley viel Lob und Bewunderung einheimst. Die Begeisterung für seine Produkte scheint ungebrochen, von den Gadgets der Unterhaltungselektronik, über smarte Kühlschränke, die für uns die Milch nachbestellen, oder vielversprechende künstliche Organe und Gliedmassen bis hin zu Minidrohnen und selbstfahrenden Autos.

Die Fragen bleiben jedoch ausgeklammert, was diese mächtigen Konzerne mit ihren Technologien eigentlich bezwecken – ausser Geld zu verdienen – und vor welchen unternehmensphilosophischen Hintergründen diese noch nie dagewesene Dynamik entfesselt wird.

Auch die schier unerschöpflichen finanziellen Ressourcen der Tech-Giganten – deren Kapital grösstenteils aus immateriellen Vermögenswerten besteht – werden kaum auf die Unternehmensphilosophie und die langfristigen Strategien bezogen.

Hinzu kommt die monopolistische Stellung dieser Unternehmen. Sie bietet ihnen Schutz vor Regulierung und gibt ihnen eine unvergleichliche Machtfülle. Dabei konnten sie diese Stellung nur gewinnen, weil sie unsere persönlichen Daten in Besitz genommen haben.

Was unter Transhumanismus zu verstehen ist und welche Probleme er aufwirft

Weder Geschäftsideen noch Businessmodelle des Silicon Valley sind jedoch ohne den Transhumanismus zu verstehen. Der Transhumanismus ist nicht nur eine ernstzunehmende philosophische Denkrichtung und -schule. Die Macht seiner Anhänger, Investoren, Mäzene und Multiplikatoren bestimmt auch die wissenschaftliche Forschung und die rasante technische Entwicklung in einem Masse, wie man sich dies als Aussenstehender kaum vorstellen kann.

Auf der Ebene der Global-Governance-Politik (1) und beschleunigt durch die Corona-Pandemie, spielt der Transhumanismus bei den

Ein neues Menschenbild soll helfen, eine resilientere Form der Globalisierung zu schaffen, in der die individuellen Freiheiten aus vorgeblich «höherer Notwendigkeit» heraus eingeschränkt oder ganz aufgehoben werden können.

Projekten und Plänen der heutigen Machteliten eine immer wichtigere Rolle. Ein neues Menschenbild soll helfen, eine resilientere Form der Globalisierung (2) zu schaffen, in der die individuellen Freiheiten aus vorgeblich «höherer Notwendigkeit» heraus eingeschränkt oder ganz aufgehoben werden können. Gesellschaften werden radikal umgestaltet, damit die destruktiven Fliehkräfte einer an ihre Grenzen gekommenen kapitalistischen Wirtschaftsweise in einer letzten Kraftanstrengung gebunden und wieder beherrschbar gemacht werden.

Der Transhumanismus geht davon aus, dass die menschliche Natur mit ihren Schwächen überwunden werden kann und muss. Er bietet nicht nur die fantastisch klingenden Mittel zu diesem Weltrettungsprogramm in letzter Minute an, um uns aus dem Dilemma, in das uns Politik und Wirtschaft geführt haben, zu befreien. Er liefert die Gründe für eine ideologische Rechtfertigung gleich mit.

Das transhumanistische Denken kreist um die Vorstellung, man könne durch exponentielle Steigerung der Verarbeitungs- und Speicherkapazitäten der Computer eine Superintelligenz schaffen, die menschlichem Denken, Planen, Abwägen, Urteilen und Entscheiden so weit überlegen ist, dass in all diesen Bereichen Algorithmen die Macht übernehmen sollten.

Wissenschaftliche Forschung zielt im Transhumanismus darauf ab, mit Hilfe von Computer-, Nano- und Biotechnologie eine Verbesserung aller Lebensbereiche zu erreichen – zum Preis einer durchgehenden Datafizierung mit dem Ergebnis totaler Kontrollierbarkeit. Natur ist für den Transhumanismus etwas Defizitäres, das zu überwinden ist. Krankheit und sogar den Tod gilt es zu besiegen. Selbst die Besiedlung anderer Planeten wird geplant – nichts erscheint im Transhumanismus unmöglich.

Als auf Entgrenzung geeichte Wachstums- und Fortschrittsideologie ist er Produkt und Apologet des Kapitalismus in Reinform. Denn das mathematische Modell des exponentiellen Wachstums wird seinem Optimierungsglauben von allem und jedem, von Materiellem und Immateriellem, Physis und Geist, zugrunde gelegt. Abenteuerlicher kapitalistischer Unternehmergeist und demiurgische (weltenschaffende und weltenzerstörende) Hybris treffen in ihm zusammen und amalgamieren sich zu einem hochexplosiven zivilisatorischen Gemisch.

Transhumanismus ist Dataismus. Der Dataismus will den Menschen, sein Verhalten und sein Denken berechenbar machen und ist überzeugt, dies mittels Verdatung, Kybernetik und computergesteuerter Konditionierung vollbringen zu können. Die Verbesserung und der Erfolg der Optimierungsprozesse werden als Abhängigkeit Datenmenge definiert, die automatisch ausgewertet werden kann. Es ist ein dem Transhumanismus inhärentes Gesetz, Daten zentral zusammenzuführen, um Prozesse und Menschen messbar, kontrollierbar und manipulierbar zu machen.

Wenn die Entwicklung so weiter geht, wird es bald keine Möglichkeit mehr geben, sich dem Dataismus zu entziehen. Die Politik, die auf transnationaler Bühne und in Gestalt der Global Governance durch den pandemischen Ernstfall an Macht und Einfluss gewonnen hat, strebt einen gesellschaftlichen Zustand an, in dem das Digitale quasi alle Aspekte unseres Lebens durchdringen soll.

Der Mensch als Diener einer überlegenen Technik

Der Mensch wird zum Anwender oder Bediener, bestenfalls zum Unterstützer dieser Technik degradiert. Allerdings mit der entscheidenden Ausnahme derer, die im Besitz der Daten sind und über den Programmierungsschlüssel für das Design der Algorithmen verfügen. Da der Besitz von Daten eine Macht bedeutet, die weit über Geld- und Weisungsmacht hinaus geht, kommt es in der transhumanistisch geprägten Welt zu einer extremen Elitenbildung. (3)

Die (angeblich) der menschlichen Intelligenz haushoch überlegene künstliche Intelligenz beraubt die Menschen ihrer Möglichkeiten, autonom zu handeln. Vor allem entzieht sie immer mehr Menschen die Grundlage, von ihrer Arbeit leben und ein Erwerbseinkommen erzielen zu können. (4)

Der leitende Vizepräsident des Axel-Springer-Konzerns Christoph Keese war 2013 ein halbes Jahr lang im Silicon Valley. Über die Erkundungen seiner Entdeckungstour durch das «mächtigste Tal der Welt» und dem, was aus ihm «auf uns zukommt», schrieb er einen äusserst interessanten, teilweise ethnologisch anmutenden Reise- und Erfahrungsbericht. (5)

Sein Aufenthalt machte Keese klar, dass das «Silicon Valley etwas, man könnte fast sagen, Undemokratisches [hat]. (...) Wenn wir die Kultur, die Technik, die von dort kommt, in so besonderer Weise lieben, mit so viel Geld (...) unterstützen, weil wir uns als Kunden betätigen, dann müssen wir uns auch immer klar machen, dass die Gesellschaftsform, die diese Produkte hervorgebracht hat, nicht wünschenswert ist und wir müssen aufpassen, dass wir diese Gesellschaftsform nicht (...) 1:1 bei uns in blinder Begeisterung importieren.» (6)

Inzwischen findet vermehrt ein «Import» dieses undemokratischen Geistes des Transhumanismus auf der Ebene der Global Governance und ihren Entscheidungsstrukturen statt. Dies führt dazu, dass dieses Undemokratische mehr und mehr zur Signatur der «neuen Zeit» und ihrer Hyperökonomie und Kultur wird, während wir von unserer Liebe und Bewunderung für diese Technik immer noch geblendet sind.

Ein eigenes Kapitel widmet Keese dem zentralen Schlüsselbegriff für das Verständnis des Transhumanismus, der Singularität. Er verortet ihn – und damit den gesamten Transhumanismus – an der Schnittstelle von Maschine und Mensch, genauer von Gehirn.

Wesentliche Pfeiler des transhumanistischen Programms sind:

- Der Ausbau und die Optimierung digitaler Speichertechniken- und Speicherkapazitäten und die Herstellung von Gehirn-Computer-Schnittstellen zum «Uploaden» menschlichen Bewusstseins in Clouds.
- Die Verbindung von Nanotechnik, Biotechnologie und Gentherapien zur Erweiterung der Möglichkeiten der regenerativen Medizin.
- Die «Cyborgisierung» des Menschen durch Implantationen künstlicher Prothesen zur Verbesserung der menschlichen Leistungsfähigkeit (Human-Enhancement) oder zur Lebensverlängerung.
- Die Entwicklung künstlicher Intelligenz mit dem Ziel der Schaffung einer «Superintelligenz» (technologische Singularität).

Eine nicht unbedeutende Rolle – schon für die Entstehungsgeschichte in den 50er Jahren des vergangenen Jahrhunderts – spielt auch die Eugenik. Der Eugeniker Julian Huxley, Bruder des Brave New World-Autors Aldous Huxley, gilt als einer der geistigen Väter des evolutionären Humanismus, aus dem sich der Transhumanismus entwickelte. Positive Auslese, Ausmerzung von Erbkrankheiten und Bevölkerungskontrolle sollen durch Genmanipulationen befördert und optimiert werden.

Mit der Eugenik durch Genmanipulationen und weiteren innovativen medizinisch-pharmazeutischen Verfahren stellt sich auch eine Verbindung zu den Impfprogrammen her, die vom World Economic Forum (WEF) und anderen Global-Governance-Playern wie der Bill- und Melinda-Gates-Stiftung und der Rockefeller-Foundation mit grossem finanziellen Einsatz verfolgt werden.

Klaus Schwab wiederum, Gründer und geschäftsführender Vorsitzender des World Economic Forum, bezeichnete in seinem Buch über «Die vierte industrielle Revolution» von 2016 die Verschmelzung von «physischer, digitaler und biologischer Identität» (7) als ein Hauptmerkmal des vorgesehenen Transformationsprozesses.

Dieses und viele andere Aussagen des technikbegeisterten Ingenieurs und Ökonomen zeigen, dass es sich bei der «grossen Transformation», die vom WEF und seinen Partnern zum Ziel der Global-Governance-Politik erklärt wurde, keineswegs um ein rein wirtschafts- und klimapolitisches Programm handelt, in dem einschneidende Massnahmen gefordert werden, um die Welt «nachhaltiger, gerechter und sozial inklusiver» zu gestalten.

Gedankenkontrolle soll möglich werden

So hat Schwab wiederholt die These vertreten, dass künftig dem Menschen Mikrochips zum Lesen seiner Gedanken implantiert werden. «Selbst das Überschreiten einer nationalen Grenze könnte (...) einen detaillierten Gehirn-Scan erfordern, um das Sicherheitsrisiko einer Person zu bewerten» (8), schrieb Schwab in «Die vierte industrielle Revolution».

Als weitere Ziele des technischen Fortschritts werden in der Agenda des WEF Smart Cities genannt, in denen über Sensoren alle Lebensvollzüge überwacht werden. Wohnungen verwandeln sich demnach bis 2030 in «Wohncomputer», die mit dem Internet der Dinge, (IoT) und den Sensoren der «Wearables» vernetzt werden. Schon macht der Begriff des «Internet of Bodies» (IoB) die Runde (zu den Auswirkungen siehe auch Fussnote 13). Überdies werde durch Methoden digitaler Kriminalitäts- und Gefahrenabwehr wie Gesichtserkennung und digitales Auge (9) dem erhöhten Sicherheitsbedürfnis der Smart-City-Bewohner entsprochen, d.h. die digitale Totalkontrolle komplettiert. (10)

Dabei bleibt es nicht bei Bekundungen und Absichtserklärungen im Stil von: «Man müsste und man sollte ...», die man noch leicht als

Der Impfpass als Mikrochip-Implantat

Das schwedische Startup Epicenter hat ein reiskorngrosses Mikrochip-Implantat vorgestellt, auf dem der Impfpass gespeichert ist. Es kann auch vielen anderen Zwecken dienen.

Das Implantat kann von jedem Gerät mit dem Nahfeldkommunikationsprotokoll (NFC) gelesen werden – eine Technologie, die für kontaktlose Zahlungen und schlüssellose Zugangssysteme eingesetzt wird. Hannes Sjöblad, Chief Distribution Officer sagt: «Natürlich verwenden wir diese Technologie heute so, aber nächstes Jahr werden wir sie für etwas anderes nutzen».

Der Chip wird mit einer einfachen Spritze unter die Haut implantiert, entweder im Arm oder zwischen Daumen und Zeigefinger. Laut Sjöblad ist das Verfahren «vollständig reversibel» und erfordert keine spezielle Telefon-App.

Der implantierte Mikrochip wird vom Unternehmen seit Jahren eingesetzt – auch bei seinen eigenen Mitarbeitern. 2015 gab die Firma bekannt, dass es mehr als 100 seiner Mitarbeiter einen Mikrochip implantiert habe, der es ihnen ermöglicht, mit einer Handbewegung Türen zu öffnen, Drucker zu bedienen oder Smoothies zu kaufen.

Corona-Transition/Red.

Statements von vielleicht etwas grössenwahnsinnig gewordenen Milliardären abtun könnte. Denn weltweit gibt es bereits 14 auf Initiative und mit Geld des WEF betriebene Forschungszentren, die die Agenda-Ziele forciert umsetzen, denn man will unbedingt im Zeitplan bleiben. Zwei weitere sollen in Kürze in Moskau und München eröffnet werden. (11)

Zur Rolle Deutschlands bei der Umsetzung der transhumanistischen Global-Governance-Agenda

Ein Ergebnis von zwei Jahren internationaler Pandemiepolitik kann in Bezug auf unser eigenes Land schon resümiert werden: Deutschland spielt von Beginn an aufgrund seiner beharrlich strengen Massnahmenpolitik und seiner Rolle als Dauer-Sirene im globalen Krisenmanagement insgesamt einen herausgehobenen Part. Damit hat es die hinter dem Krisenmanagement stehende Agenda der «grossen Transformation» und ihre erkennbar weitreichenden Absichten in besonderer Weise unterstützt.

Wirtschaftliche Gründe dürften für diese exponierte Stellung Deutschlands im Pandemiekonzert verantwortlich sein. Die deutsche Wirtschaft ist aufgrund ihrer Exportorientierung stärker als irgendeine andere europäische abhängig von der konzerngetriebenen Globalisierungspolitik und -ideologie. Das Schicksal Deutschlands wurde schon mit der Reformagenda 2010 von Gerhard Schröder mit der neoliberalen Globalisierungsdoktrin eng verknüpft.

In den 16 Jahren der Kanzlerschaft Merkels wurde Abbau eigenstaatlicher Souveränität und die Auslieferung der eigenen Wohlstandssicherung trotz grundgesetzlichen Sozialstaatsgebotes an demokratisch weder legitimierte noch kontrollierte, von multinationalen Grosskonzernen beherrschte Global-Governance-Strukturen zementiert.

Die nationalen Konzerne, vor allem aber die deutschen Politiker, haben es versäumt, rechtzeitig eine Exit-Strategie zu entwickeln. Die soziale Kohäsion im Euro-Raum wurde durch Deutschlands Exportüberschuss- und Lohn-Dumping-Politik nachhaltig beschädigt. Nun droht diese Exportabhängigkeit durch die Corona-Krise mit der Unterbrechung internationaler Lieferketten zur Achillesferse der deutschen Wirtschaft zu werden. Insofern ist die Flucht nach vorne, die die deutsche Regierung mit ihrer bedingungslosen Unterstützung der «grossen

Alle Menschen sollen in gläserne Datensätze mutieren, um von Big-Data-Konzernen in unheiliger Allianz mit staatlichen Gewalten durchleuchtet, kontrolliert und ökonomisch ausgebeutet zu werden.

Transformation» angetreten hat, nachvollziehbar, könnte aber das Land je nach Ausgang der Pandemie weiter isolieren und schwächen. (12)

Eine Stärkung der Stellung Deutschlands ist schon vor Ausbruch der Pandemie auf dem Gebiet der sogenannten globalen Public-Health-Politik verabredet worden. Aktuell betrifft das die Versorgung der Entwicklungsländer mit den Covid-19-Impfstoffen von Pfizer, Moderna und Janssen (Johnson und Johnson). In diesem Zusammenhang soll mit digital ausgestellten Impfausweisen der erste, entscheidende Schritt unternommen werden, um die Initiative ID2020, eine digitale Identität für die gesamte Weltbevölkerung bis 2030, wahr werden zu lassen. In dieser transnationalen Identität sollen auf biometrischer Basis künftig «alle Informationen über den Einzelnen zusammenfliessen: Ausbildungs- und Impfnachweise, Finanzstatus; Accounts bei Facebook, vom Smartphone produzierte Daten.» (13)

Alle Menschen sollen nach transhumanistischer Vorstellung in wandelnde, gläserne und auslesbare Datensätze mutieren, um von Big-Data-Konzernen in unheiliger Allianz mit staatlichen Gewalten und ihren Geheimdiensten vollständig durchleuchtet, effizient kontrolliert und ökonomisch maximal ausgebeutet zu werden.

Deutschland: Musterschüler und Vorreiter der «grossen Transformation»?

Im August 2017 berief der damalige Gesundheitsminister Gröhe ein internationales Beratergremium ein, das Konzepte «für die Beherrschung internationaler Gesundheitskrisen» erarbeitete. Dem Beratergremium gehörten neben Christian Drosten auch Vertreter der WHO, des Global Health-Centre, der Bill-und-Melinda-Gates Stiftung, des Wellcome Trusts und der Leopoldina an. Nach einjähriger Begutach-

Der Realitätsgehalt der Prognosen vor zehn Jahren ist geradezu unheimlich hoch ausgefallen. Lock-Step nahm sowohl eine Pandemie vorweg als auch die massiven Folgen in Form von Lockdowns und wirtschaftlichen Belastungen.

tung empfahl dieses Beratergremium ausdrücklich, dass Deutschland künftig weltweit eine Schlüsselrolle bei der Entwicklung und Förderung von Public-Health spielen solle. (14)

In seiner Rede vor dem Weltwirtschaftsforum im Januar 2022 versicherte Bundeskanzler Scholz, dass Deutschland eine «entscheidende Rolle in diesem globalen Wandel» spielen wolle, «zusammen mit den Partnern, vor allem aus dem Privatsektor». Neben der Klimapolitik soll dabei besonders der Aufbau einer «globalen Gesundheitsinfrastruktur» einen Schwerpunkt bilden.

Der Begriff der «Infrastruktur» in seiner Rede kann leicht missverstanden werden, da er nahelegt, dass es dabei um die Schaffung einer flächendeckenden, niedrigschwelligen medizinischen Grundversorgung, z.B. durch Gesundheitsstationen und Spitäler in den Ländern des Südens geht. Dies ist aber nicht das Anliegen des WEF, obgleich es für diese Länder dringend notwendig wäre. Stattdessen spricht Scholz ausdrücklich nur von einer «Immunisierungs- und Impfkampagne» und kündigt die Ausweitung der Impfprogramme insbesondere auf diese Länder an: «Durch unsere Unterstützung [...] wollen wir bis Mitte des Jahres 70% der Weltbevölkerung [...] mit der Impfkampagne [...] erreichen.» (15)

Nach seiner Zusage, dass Deutschland besondere Verantwortung «als Vorreiter der Transformation» übernehmen möchte, kommt Scholz auf den Beitrag Deutschlands als [...] «bereits heute zweitgrösster Geber [...] zur Finanzierung der globalen Impfkampagne» zu sprechen.

Scholz stellt sich mit dieser Rede nicht nur als Befürworter hinter die «grosse Transformation». Er macht sich dieses Programm des «epochalen Wandels» in seiner Eigenschaft als Regierungschef einer der wichtigsten Industrienationen der Welt und des mächtigsten Landes in der EU bedingungslos zu eigen.

Die Pandemie-Szenarien und Notfallplanungen vor Covid-19 und die «grosse Transformation»

«Selbst nachdem die Pandemie abgeklungen war, blieb die autoritärere Kontrolle und Beaufsichtigung der Bürger und ihrer Aktivitäten bestehen und wurde sogar noch intensiviert. Um sich vor der Ausbreitung zunehmend globaler Probleme zu schützen – von Pandemien und transnationalem Terrorismus bis hin zu Umweltkrisen und steigender Armut – haben führende Politiker auf der ganzen Welt die Macht stärker in die Hand genommen. Zunächst fand die Idee einer kontrollierteren Welt breite Akzeptanz und Zustimmung. Die Bürger gaben bereitwillig einen Teil ihrer Souveränität – und ihrer Privatsphäre – an paternalistischere Staaten ab, im Austausch für mehr Sicherheit und Stabilität. Die Bürger waren duldsamer und sogar begierig auf Führung und Aufsicht von oben, und die nationalen Führer hatten mehr Spielraum, um die Ordnung so durchzusetzen, wie sie es für richtig hielten. In den entwickelten Ländern nahm diese verstärkte Aufsicht viele Formen an: biometrische Ausweise für alle Bürger zum Beispiel und eine strengere Regulierung von Schlüsselindustrien, deren Stabilität als lebenswichtig für nationale Interessen angesehen wurde.»

Bei diesem Zitat handelt es sich nicht um einen Bericht über die Corona-Pandemie aus der Zukunft. Es ist vielmehr dem Gleichschritt-Szenario (Lock-Step-Szenario) der Rockefeller-Stiftung von 2010 entnommen. Als eines von vier «Szenarien für die Zukunft von Technologie und internationalen Beziehungen» wurde es in Kooperation mit dem Global Business Network (GBN) unter Führung des US-amerikanischen Futurologen Peter Schwartz präsentiert, der das GBN – eine «hochrangige Netzwerk- und Unternehmensforschungsagentur» – gegründet hat, also schon zehn Jahre vor Ausbruch der Corona-Pandemie in Wuhan. (16)

Das Gleichschritt-Szenario ist eines von vier Szenarien für die Welt von morgen, die von einem Team der Rockefeller-Foundation entwickelt wurden. Lock-Step unterscheidet sich von den anderen drei Szenarien bezüglich seiner verblüffend genauen Vorhersage. Aus heutiger Sicht lässt sich sagen, dass der Realitätsgehalt der Prognosen geradezu unheimlich hoch ausgefallen ist. Lock-Step nahm sowohl äusserst hellsichtig eine Pandemie mit einer hochvirulenten Atemwegserkrankung vorweg als auch die massiven Folgen in Form von Lockdowns, der Unterbrechung von Lieferketten und die schwerwiegenden wirtschaftlichen Belastungen, insbesondere für den Mittelstand. Es antizipierte auch die katastrophalen Folgen für die ärmeren Länder, wie z.B. der dramatische Anstieg von Verhungernden. Die Einschätzung der Autoren, dass sich die demokratisch regierten Länder am Anfang deutlich schwerer mit der Eindämmungspolitik als autoritär geführte Länder tun, sollte sich ebenfalls bewahrheiten. (17)

Die Darstellung folgt hier Norbert Härings Rekonstruktion in seinem Buch «Endspiel des Kapitalismus.» (18). Der Beginn des Kapitels «Gleichschritt – die Blaupause der Rockefeller-Stiftung» – verdient es im hier dargestellten Zusammenhang wörtlich zitiert zu werden, da es die Absichten hinter den Abläufen dieses Katastrophenmanagements einer ziemlich exakt vorausgesagten Pandemie thematisiert:

«Schon 2010 hat die Rockefeller-Stiftung ein Szenario dafür entwickelt, wie man aus Anlass einer Pandemie weltweit zu durchdigita-

Die digitale Plattform zur globalen Kontrolle

Jeder denkt fälschlicherweise, dass der Grüne Pass nur in einer gesundheitlichen Notlage verwendet wird. Leider ist dies nicht der Fall: Es handelt sich um eine vom Finanzministerium herausgegebene digitale Plattform, die mit der Abgabenordnung verknüpft ist und den Anfang vom Ende aller Freiheit darstellt.
Wenn Covid vorbei ist, ist der Klima- und/oder Energienotstand an der Reihe, wodurch der Grüne Pass zum Instrument der absoluten Kontrolle wird. Daraus ergibt sich die Bedeutung des Namens «Green» ....
Er wird mit dem Personalausweis (digitale Identität) verknüpft sein und Wirtschafts-, Bank- und Gesundheitsdaten (elektronisches Dossier und Impfpass), biometrische Daten sowie alle funktionalen Anwendungen für elektronische Zahlungen (IO, Apple pay, Google pay usw.) enthalten.
Das Bargeld wird verschwinden, um der bargeldlosen Gesellschaft Platz zu machen. Alles wird digital werden (Geld, Gesundheit und Leben) und alles wird auf der Plattform landen. Die Plattform verfolgt sogar die Umweltauswirkungen (in Form von CO2-Emissionen) der von uns gekauften Produkte, und sobald ein von jemandem festgelegter Schwellenwert erreicht ist, wird der Grüne Pass gesperrt (rote Farbe), ebenso wie bei ausstehenden Schulden.

Corona-Transition/
Marcello Pamio, Disinformazione.it

lisierten, kontrollierten Gesellschaften kommen könnte, in denen an Daten und an Freiheit diese zu nutzen, kein Mangel herrscht.» (19)

Angesichts der Parallelen zu der zehn Jahre später zur Realität gewordenen Pandemie eines Atemwegsvirus, ist es erstaunlich, dass das Lock-Step-Szenario noch immer in der (deutschen) Öffentlichkeit nahezu unbekannt ist, jedenfalls zu keinem Zeitpunkt näher diskutiert wurde.

Auch den Vorgriff zu den Planungen für eine einheitliche Patientennummer, hat «die Rockefeller-Stiftung in ihrer als Szenario getarnten Pandemie-Blaupause von 2010 vorempfunden» und «seit mindestens 2017 aktiv vorangetrieben». [...] Partner, in diesem Joint Venture, so Häring, seien u.a. Microsoft, die Impfallianz GAVI und Accenture, eine internationale Unternehmensberatung mit Schwerpunkt auf Cloud-Diensten. Dabei ist der Hinweis wichtig, dass das Projekt einer einheitlichen Patientennummer «damals die Anschubfinanzierung für ID2020 bereitstellte». (20)

Die Bundesregierung hat sich an Projekten mit dem Ziel einer biometrisch-digitalen ID – wie dem Known-Traveller-Digital-Identity-Programm für den Flugverkehr (21) – schon vor Covid-19 beteiligt und fördert die Ausweitung der Blockchain-Technologie für staatliche Überwachungszwecke offenbar vorbehaltlos.

Obwohl laut EU-Datenschutzverordnung nur Daten zu spezifiziertem Zweck im minimal nötigen Umfang erhoben und verarbeitet werden dürfen, verfolgt die EU bereits seit Jahren Pläne zur Schaffung einer «europäischen digitalen Identität» für alle Bürgerinnen und Bürger. In dieser sollen alle Daten, die jeder EU-Bürger hinterlässt, zu «Verwaltungszwecken» zusammengeführt werden, wie es heisst.

Vor diesem Hintergrund bekommen auch Ankündigungen, das digitale Impfzertifikat mit dem Personalausweis auf dem Smartphone zusammenzuführen, einen tieferen Sinn und hohe Brisanz, da damit ein an den Impfstatus des Bürgers geknüpftes, digitales Passierscheinsystem EU-weit etabliert werden kann. Und dies, obwohl die Freizügigkeit innerhalb der EU immer als eine der grössten Errungenschaften des europäischen Vereinigungsprozesses gepriesen wurde.

Überhaupt ist der Zusammenhang dieser Entwicklung mit der Planung und Vorbereitung EU-weiter, digitaler Impfzertifikate hoch spannend und wird von Norbert Häring im Abschnitt «Vom Kapita-

Die sogenannte «neue Normalität» ist ein absichtsvoll suggestiv gewählter Begriff, der zur Akzeptanz eines drastischen und irreversiblen Wandels in den basalen Strukturen der Gesellschaft führen soll.

lismus zum Neo-Feudalismus» seines Buches «Endspiel des Kapitalismus» genau rekonstruiert:

«Zur Vorbereitung gibt es schon seit 2018 eine EU-Roadmap zur Einführung eines einheitlichen digitalen Impfausweises. Sonderbarerweise hat man von dieser Vor-Corona-Planung nie etwas zu hören bekommen, als die EU-Kommission im März 2021 die schnelle Einführung eines EU-weiten digitalen «Grünen Zertifikats» (Green Pass) für Geimpfte und negativ Getestete bis zu den Sommerferien ankündigte und dabei so tat, als sei man erst durch Corona auf die Idee gekommen, dergleichen zu entwickeln.» (22)

Hintergrund der Idee ist, dass «ein verpflichtender Impfausweis (...) dafür sorgen soll, dass alle, die reisen wollen, diesen von Grosskonzernen verwalteten Zusatz-Reisepass haben und sich dafür biometrisch registrieren lassen müssen. (...) Letztlich läuft ID2020 darauf hinaus, dass die internationalen Konzerne und Stiftungen und das Weltwirtschaftsforum zu einer Art globaler Passbehörde werden. Sie können, wenn ihre Pläne aufgehen, den Menschen unabhängig von nationalen Regierungen Identitäten geben, mit denen sie reisen und sich (...) ausweisen können.» (23)

Damit wird deutlich, was sowohl die europäische als auch die globale Agenda unter «Stärkung von Public-Private-Partnership-Strukturen» verstehen.

Das Ende der Pandemie garantiert keine Rückkehr zur Normalität

Milosz Matuschek schrieb ebenso hellsichtig wie pessimistisch:

«Wer wünscht es sich nicht: Das Narrativ soll bitte zerfallen und zwar lieber früher als später. Doch wer sagt, dass danach der Status quo ante zurückkehrt? Die «alte Normalität»? Corona war bisher machtpoli-

tisch der Traum aller zentralen Planer, Technokraten und Globalisten. Warum sollte diese Orgie ausgerechnet enden, wenn sie am schönsten ist? Es kann vieles hochkommen, vieles kritisch hinterfragt und aufgearbeitet werden, ohne dass sich viel ändert. Auch Widerstand, also die Kräfte des «Guten» aus der Sicht der Kritiker, können integriert werden in das Spiel des «Bösen», sie können sich in vielen Schattierungen bewegen und dem Gesamtnarrativ prächtig zuarbeiten.» (24)

Schon im April 2020 tauchte fast überall gleichzeitig ein Begriff auf: die «neue Normalität». Diese Bezeichnung für ein radikal verändertes Leben mit und nach Corona fand in kürzester Zeit weiteste internationale Verbreitung. Für den amerikanischen Autor C. J. Hopkins ist die sogenannte «neue Normalität» ein absichtsvoll suggestiv gewählter Begriff, der zur Annahme und Akzeptanz eines drastischen und irreversiblen Wandels in den basalen Strukturen der Gesellschaft führen soll. Hopkins geht so weit, dass er die Corona-Pandemie als «trojanisches Pferd» für das «new normal» bezeichnet.

Unmissverständlich legte Klaus Schwab in seinem im Juni 2020 erschienenen Buch «Covid-19: Der grosse Umbruch» (25) dar, dass es kein Zurück zu der Normalität geben wird, wie wir sie bis in die Januartage 2020 gekannt haben:

«Viele von uns fragen sich, wann wir wieder zur Normalität zurückkehren. Die kurze Antwort ist: nie. Nichts wird je wieder zu dem kaputten Gefühl von Normalität zurückkehren, das vor der Krise geherrscht hat, weil die Coronavirus-Pandemie einen fundamentalen Wendepunkt in unserer globalen Entwicklung markiert. Manche Analysten nennen es eine Weggabelung, andere eine Krise biblischen Ausmasses, aber im Kern läuft es darauf hinaus, dass es die Welt, wie wir sie in den ersten Monaten von 2020 kannten, nicht mehr gibt» (26)

Schwab bringt auch seine Hoffnung zum Ausdruck, dass die Staats- und Regierungschefs «den Schock, den die Pandemie verursacht hat, ‹gut nutzen›, indem sie die Chance, die die Krise bietet, sich nicht entgehen lassen.»

Corona geht als erster transnationaler, zuvor geprobter Anwendungsfall von Global Governance in die Geschichte ein, um an einem «Best practice»-Modell zu erfahren, wie das Regieren im Modus

des globalen Ausnahmezustandes die gewünschten Ergebnisse erzielen kann.

Wenn sich im Mai 2022 der Club der 1000 einflussreichsten Konzerne mit einer Entourage aus Politikern, Medienvertretern und Lobbyisten wieder vor Ort in Davos trifft: Welche Schlüsse werden dort aus der Covid-19-Krise, der tiefsten Zäsur seit dem Zweiten Weltkrieg, gezogen?

Steht durch Omikron das Ende der Pandemie bevor, gibt es für die Regierenden aber noch keine Entwarnung – im Gegenteil. Da sich nach und nach alle konzertiert ergriffenen staatlichen Massnahmen zumindest als fragwürdig erwiesen haben, kippt die Stimmung gegenüber dem Corona-Narrativ.

Die Infragestellung der Angemessenheit und Wirksamkeit der Massnahmen betrifft insbesondere die Einschränkungen der Grund- und Freiheitsrechte, da diese mit der Notwendigkeit dieser Massnahmen begründet wurden.

Eine spannende Frage wird sein, ob die unterschiedlichen Konsequenzen aus Omikron tatsächlich einen Riss durchs Gleichschritt-Szenario bedeuten. Sollte das der Fall sein, wird das mit Sicherheit die Chancen erhöhen, die transhumanistische Agenda zu Fall bringen zu können. Dazu kommt der Druck, dass Politiker wiedergewählt werden, und daher unpopuläre Massnahmen beenden wollen, bevor diese ihre politische Karriere beenden.

Beim virtuellen WEF-Gipfel im Januar 2022 wurde die Agenda der «grossen Transformation» jedoch einhellig bekräftigt. Trotz des wachsenden Widerstandes kann zudem als gewiss gelten, dass die Global-Governance-Community auch in einem halben Jahr noch genug Einfluss, Macht, Kapital und Optionen haben wird und sich daher nicht geschlagen geben muss.

Die Krisenanfälligkeit des kapitalistischen Systems hat extrem zugenommen. Viele Indizien sprechen dafür, dass der Kapitalismus in seine finale Phase eingetreten ist.

Dennoch: Das Global-Governance-System ist im Zugzwang. Die Krisenanfälligkeit des kapitalistischen Systems hat extrem zugenommen. Viele Indizien sprechen dafür, dass der Kapitalismus in seine finale Phase eingetreten ist. Das würde auch erklären, wieso vom System zum grossen Befreiungsschlag ausgeholt werden musste. Deshalb sucht es Zuflucht und Rettung im Korporatismus, in der Verschmelzung von Kapital- und Staatsinteressen.

Nicht zu Unrecht wird auf Parallelen zum Faschismus und seiner Entstehungsgeschichte hingewiesen. Da die Oligarchen von Davos dem liberalen Modell nicht mehr zutrauen, die Probleme aus den verschärften Systemwidersprüchen bewältigen zu können, steuern sie in Richtung eines autoritären Korporatismus um. Denn der sich wechselseitig befeuernde Teufelskreis aus Überakkumulation, Nullzinspolitik, Überschuldung und Blasenbildung kann mit systemimmanenten Mitteln nicht durchbrochen werden.

Ein Systemwechsel stellt aber die Machtfrage. Damit stünden die Privilegien der herrschenden Klasse zur Disposition. Das aber wäre die rote Linie, über die das System nicht hinauszugehen bereit ist, die es aber dafür in der Corona-Politik bezeichnenderweise, laut Kanzler Scholz, nicht mehr gibt. (27)

Oder in den Worten Norbert Härings: «Die soziale Mega-Maschine des Kapitalismus ist in schlechtem Zustand. Der Zusammenbruch ist absehbar, wenn nichts Radikales geschieht. Die Aufgabe, die sich die globale Machtelite mit Schwerpunkt im Silicon Valley gestellt hat, besteht im allmählichen Übergang von der Mega-Maschine Kapitalismus zu einer ‚Schönen neuen Welt', in der ihre Macht und Privilegien bewahrt und festgeschrieben sind.» (28)

Warum wir die Transhumanisten-Agenda stoppen müssen

Inwieweit biopolitische Verhaltens- und psychopolitische Einstel-

Maschinen, auch die intelligentesten, werden keine Gefühle, keine Intuition und kein Bewusstsein unserer Sterblichkeit und unserer Selbstwahrnehmung entwickeln können,

lungsänderungen durch die Pandemiepolitik nachhaltig dafür genutzt werden können, eine neue Normalität à la WEF zu schaffen, wird sich zeigen. Es wird auch davon abhängen, ob es den Eliten gelingt, ihre Kampagne der bargeldlosen Zukunft zum Erfolg zu führen.

Denn auch der Kampf gegen das Bargeld hat einen transhumanistischen Hintergrund. Hier geht es, wie bei der menschlichen Intelligenz, beim Lernen und der Ökonomie, um die Ablösung vom Physischen. Die propagierte Besitzlosigkeit (natürlich nur des Fussvolkes), die uns laut Weltwirtschaftsforum zu glücklichen Menschen machen wird, steht in demselben Zusammenhang. Die in der Pandemie propagierten Verhaltenskonzepte der Kontaktlosigkeit und des Social-Distancing avancieren zu Leitnormen des «New Normal», in das wir – durch Schock- und Überwältigungsstrategien – einwilligen sollen.

In Wirklichkeit verweisen diese Konzepte auf die Leib-, Seele- und Lebensfeindlichkeit dieser irrationalen Maschinenideologie. Tatsächlich liesse sich so etwas wie ein neuer Gesellschaftsvertrag niemals auf solche Pseudo-Normen gründen. Würden sie zur Norm gemacht, pulverisierten sie sich sehr schnell selbst, da sie inhuman und asozial sind. Ein Kleinkind, das «sozial distanziert» und «kontaktlos» aufwüchse, wäre nicht lebensfähig. Es würde sterben.

Maschinen, auch die intelligentesten, werden keine Gefühle, keine Intuition, keine Achtsamkeit, keinen Perspektivwechsel, keine Empathie und kein Bewusstsein «unserer Verwundbarkeit, unserer Sterblichkeit, unseres Empfindungsvermögens, unserer Selbstwahrnehmung und unserer Leibhaftigkeit» entwickeln können, wie es Wissenschaftler verschiedener Fachrichtungen in einem «Manifest wider den Transhumanismus» 2017 formuliert haben, das aus grosser Sorge vor seinem wissenschaftlichen und kulturellen Erstarken entstanden ist. (29)

Transhumanisten werden deshalb auch nie in der Lage sein, menschliche und soziale Probleme zu lösen. Stattdessen droht der Irrweg eines Denkens, das die Menschheit in ein totalitäres technisches «Gehäuse der Hörigkeit» (Max Weber) einsperrt, das zwar unsichtbar ist, aus dem es aber kein Entrinnen mehr gibt.

Verantwortungsvolle Politik muss sich diesem Irrweg verweigern. Und wo die Politik das nicht (mehr) leistet oder leisten kann, ist Bürgersinn und ziviler Ungehorsam gefragt und gefordert, der diesem totalitären Ansinnen entgegentritt. Ganz so, wie es Shoshana Zuboff zum Ausdruck gebracht hat. Die als brillante Analytikerin des Dataismus bekannte Harvard-Ökonomin, hat auf einer Konferenz im Herbst 2021 zu einer «demokratischen Gegenrevolution» aufgerufen (30), um der «globalen Pest des Überwachungskapitalismus ein Ende zu bereiten»: «Seid Sand im Getriebe, erzeugt Reibung!»

Bernd Schoepe (geb.1965) ist freier Autor, langjähriges aktives Mitglied der Gewerkschaft Erziehung und Wissenschaft, ehemaliger Vertrauensmann der Hamburger Lehrerkammer. Hauptberuflich arbeitet er als Politik-, Deutsch- und Philosophielehrer an einer Hamburger Stadtteilschule. Im Frühjahr 2021 meldete er sich zusammen mit seinem Kollegen Finn Jagow mit einer Studie kritisch zu den Schulschliessungen und der Corona-Politik zu Wort. Die Texte beleuchten aus pädagogischer Sicht die dramatischen Auswirkungen der unangemessenen Massnahmen auf Kinder und Jugendliche. («E-Learning: zu Risiken und Nebenwirkungen fragen Sie...?!?« . Und: «Kinder, Corona und der digitale Distanzunterricht – Keine Auswege aus der Bildungskatastrophe»)
Kontakt: berndschoepe@gmx.de

Fussnoten

1 Als Global Governance bezeichnet man alle Entscheidungs- und Umsetzungsmechanismen und -prozeduren auf globaler Ebene. Akteure der Global Governance sind nationale Regierungen, internationale (z.B. UNO, Weltwirtschaftsforum, Weltbank) und regional internationale Organisationen (z.B. die EU), multinationale Unternehmen, NGOs (Nicht-Regierungs-Organisationen aus der sog. Zivilgesellschaft, Think-Tanks, Stiftungen, Interessenverbände, einflussreiche Lobbyorganisationen und Medien, Kirchen, religiöse bzw. weltanschauliche Gruppen). Ich verwende den Begriff der Global Governance hier als «technisch und technologisch gestützte, informelle Weltregierung». https://www.bpb.de/veranstaltungen/netzwerke/teamglobal/67457/global-governance.

2 Auf die Frage, was die Menschheit aus der Covid-19-Pandemie lerne, antwortet Schwab in einem Interview mit der Schweizer Boulevardzeitung Blick im Dezember 2021: «Der Schlüssel ist Widerstandsfähigkeit – medizinische, versorgungstechnische und persönliche Widerstandsfähigkeit. Um diesen Begriff wird sich auch in Davos alles drehen. Die Menschen in der westlichen Welt sind Krisen nicht mehr gewohnt.» https://www.blick.ch/wirtschaft/wef-gruender-klaus-schwab-ueber-die-verschiebung-des-wef-2022-viele-laender-raten-derzeit-dringend-von-reisen-in-die-schweiz-ab-id17089364.html

3 Shoshana Zuboff im Interview mit dem Stern, https://www.stern.de/digital/online/harvard-professorin-shoshana-zuboff-ueber-facebook–google-und-co–8601288.html – Der Überwachungskapitalismus, dem Zuboff ihr als epochal zu bezeichnendes Werk «Das Zeitalter des Überwachungskapitalismus»

(2019) gewidmet hat, «ist eine Bewegung, die», wie sie schreibt, «darauf abzielt, eine neue kollektive Ordnung durchzusetzen, die auf totaler Gewissheit beruht.»

4 So kam das WEF in einer Studie von 2018 zu der Einschätzung, dass im Jahr 2025 bereits 52% aller Arbeitsstunden durch Roboter erledigt werden. Die Substituierbarkeit der menschlichen Arbeit durch Digitalisierung wird je nach Berufsgruppe auf 50-70% der jetzt Beschäftigten bis zum Jahr 2030 geschätzt.

5 Christoph Keese, Silicon Valley. Was aus dem mächtigsten Tal der Welt auf uns zukommt, München 2014.

6 https://www.deutschlandfunk.de/christoph-keese-das-silicon-valley-hat-etwas-100.html

7 Rede Klaus Schwabs «The Fourth Industrial Revolution has already begun» vor dem Chicago Council on Global Affairs am 13.05.2019.

8 http://www.vision-deutschland.eu/2021/03/01/klaus-schwab-great-reset-wird-zur-verschmelzung-unserer-physischen-digitalen-und-biologischen-identitaet-fuehren/, letzter Zugriff am 09.02.2022.

9 https://www.handelsblatt.com/technik/digitale-revolution/digitale-revolution-gesichtserkennung-warum-der-widerstand-gegen-das-digitale-auge-waechst/24493578.html?ticket=ST-10852455-RXxfRBw7bbadJU-4bOUkK-ap4

10 Halten wir fest: Globalist Schwab, ein Transhumanist, befürwortet «(...) aktive implantierbare Mikrochips, die die Hautbarriere unseres Körpers durchbrechen (und) die wahrscheinlich (...) dazu beitragen werden, Gedanken oder Stimmungen durch das Lesen von Gehirnströmen und anderen Signalen zu kommunizieren».
https://deutsche-wirtschafts-nachrichten.de/507640

11 https://www.oldenburger-onlinezeitung.de/nachrichten/weltwirtschaftsforum-will-standort-in-muenchen-eroeffnen-65268.html. Laut Schwab kann das geplante Forschungszentrum in der bayerischen Hauptstadt zur «deutschen Antwort auf das Silicon Valley» werden. https://presse-augsburg.de/weltwirtschaftsforum-will-standort-in-muenchen-eroeffnen/727050/

12 Die Kosten dieser Politik zeigen sich jetzt auch immer deutlicher in den riesigen und signifikant höheren ökonomischen Schäden, die die Massnahmenpolitik in Deutschland auch und gerade im Vergleich mit anderen Ländern angerichtet hat. So wurde in Frankreich 2021 das höchste Wirtschaftswachstum seit 50(!) Jahren erwirtschaftet, während die deutsche Wirtschaft 2,8% Wirtschaftswachstum verzeichnete.

13 https://www.srf.ch/kultur/gesellschaft-religion/digitale-identitaet-die-blockchain-weiss-alles-kommt-die-totale-ueberwachung. Das durch die Impfprogramme angeschobene ID2020-Projekt ist ein Meilenstein auf dem Weg zur Schaffung eines «Identitätsökosystems» (Wortschöpfung des WEF, 2018), siehe Häring S.247 f.: «Wenn das einmal erreicht ist, wenn jeder Mensch und jedes Ding eindeutig identifizierbar an das ‹Internet der Dinge und von allem› angeschlossen ist, bedeutet das, dass unter unserer Identifikationsnummer jede Interaktion mit unserer Kaffeemaschine, unserem smarten Kühlschrank und unseren Mietfahrrädern abrufbar ist. Es bedeutet auch, dass, wenn jemand in diesem ‹Internet von allem› einen virtuellen Hebel umlegt, der unsere Identifikationsnummer unbrauchbar macht, wir ohne Hilfe nicht einmal mehr spazieren gehen können. Denn unsere Wohnungstür wird sich für jemand ohne Identifikationsnummer nicht mehr öffnen.» Ebd., S. 248 f.

14 https://www.bundesgesundheitsministerium.de/ministerium/meldungen/2017/august/internationales-beratergremium.html. Die Leopoldina («Nationale Akademie der Wissenschaft») erarbeitet zurzeit u.a. unter Mitarbeit des Robert-Koch-Instituts, eine Initiative zu Public Health und Global Health, das die Rolle Deutschlands stärken soll. «Digitalisierung und neue Methoden in der Biotechnologie» sollen dabei explizit Berücksichtigung finden.

15 https://www.bundesregierung.de/breg-de/suche/scholz-wef-2022-1998694

16 «Schwartz war schon für das Pentagon und das Weltwirtschaftsinstitut tätig. Er sitzt im Zentrum des (militaristischen) Center for a New American Society (CNAS) und ist Mitglied des Rates des Berggruen-Instituts,

das Ideen zur Gestaltung politischer und sozialer Institutionen entwickelt.» https://norberthaering.de/macht-kontrolle/lock-step-rockefeller-stiftung/. Hier wird ein wichtiger Bezugspunkt des Transhumanismus deutlich: seine Bedeutung für das Militär und die Rüstungstechnologie, die eine eigene Darstellung verdient und erfordert.

17 Noch im Januar 2020 wurden Stimmen, die vor einer nicht beherrschbaren Pandemie, die nach China auch Europa und Deutschland bedrohen würde, gewarnt haben von Politikern und Medien in das Lager der Verschwörungstheoretiker eingeordnet. Und noch am 23. Januar betonte Bundesgesundheitsminister Jens Spahn (CDU), anders als bei der grossen SARS-Epidemie in Asien 2003 funktioniere der Austausch der internationalen Gemeinschaft. Und auch China gehe transparenter mit der Lage um als vor einigen Jahren. Daher könne man sich besser vorbereiten.» https://www.tagesschau.de/faktenfinder/spahn-corona-113.html.

18 Norbert Häring, Endspiel des Kapitalismus, Köln 2021, S. 234-237 sowie S. 241-246.

19 Ebd., S. 234.

20 Ebd., S. 241 f.

21 Zum Known-Traveller-Digital-Identity (KTDI-)Programm siehe Häring, a.a.O., S. 244 ff.

22 Ebd., S. 251.

23 Ebd. S. 250

24 Milosz Matuschek, https://www.freischwebende-intelligenz.org/p/dualitaetderdinge

25 Angesichts des frühen Veröffentlichungstermins im Juni 2020 muss davon ausgegangen werden, dass das 336 Seiten-Werk «Covid 19 – Der grosse Umbruch» von Schwab und Malleret schon vor Beginn der Pandemie konzipiert und teilweise verfasst worden ist.

26 Klaus Schwab im Vorwort zu Covid-19: Der grosse Umbruch.

27 Auf dem Gebiet der Währungs- und Geldpolitik wird sich in diesem Kontext alles weiter darum drehen, ob und wie die Entmachtung der Geschäftsbanken zugunsten eines Zentralbank-Modells, an dem die Grosskonzerne kräftig mitverdienen, voranschreitet. Ein einheitliches, voll digitalisiertes Geld- und Währungssystem wird von den Eliten schon länger avisiert. Das Kunststück ist, es ohne zu grosse gesellschaftliche und finanzpolitische Friktionen schaffen zu können.

28 Häring, a.a.O., S. 218.

29 https://www.nzz.ch/meinung/kommentare/die-gefaehrliche-utopie-der-selbstoptimierung-wider-den-transhumanismus-ld.1301315. Der Anfang des Manifestes lautet: «Ein Gespenst geht um, nicht nur in Europa – das Gespenst des Transhumanismus. Seine Priester und Auguren haben bereits prominente Forschungslaboratorien, Universitäten, globale Unternehmen und politische Institutionen besetzt.» Als besonders problematisch bewerten die Verfasser des Manifestes die Immunisierungsstrategie gegen Kritik an und führen dazu aus: «Die Zukunftsvisionen von Transhumanisten werden meist unhinterfragt als ernstzunehmende Zukunftsprognosen hingenommen, denn sie entspringen einer geistigen Haltung, die bereits für die klassische Moderne charakteristisch war: einem naiven Vertrauen in die ausschliessliche Gültigkeit naturwissenschaftlicher Methoden und Denkweisen. Da diese Haltung immer noch verbreitet ist, fühlen sich Transhumanisten dazu ermächtigt, anderen zu diktieren, was als fortschrittlich und rational zu gelten hat.

30 https://www.heise.de/news/Ueberwachungskapitalismus-Shoshana-Zuboff-fordert-demokratische-Gegenrevolution-6205668.html

34 https://www.stern.de/digital/online/harvard-professorin-shoshana-zuboff-ueber-facebook–google-und-co–8601288.html. Sowie: Seid Sand im Getriebe, https://www.faz.net/aktuell/feuilleton/debatten/widerstand-gegen-datenschnueffelei-seid-sand-im-getriebe-12241589.html.

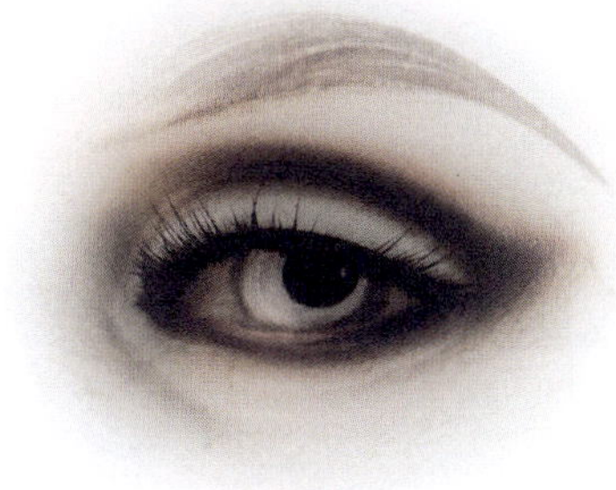

Leben am Halsband

Wenn wir nur noch wollen, was wir dürfen – die Zukunft der Freiheit mit Zertifikat und Impfpass

Von Christoph Pfluger

Der freie Wille ist wohl der entscheidende Unterschied zwischen Mensch und Tier. Fühlen und zusammenarbeiten, das können wir je nach Spezies beide, Mensch und Tier. Ob auch Tiere «denken» ist Definitionsfrage – tendenziell: ja, wir alle verarbeiten Reize in zentralen Bereichen des Körpers.

Freiheit wiederum kann von vielen Tieren wahrgenommen werden. Man schaue nur einmal jungen Rindern zu, wenn sie auf die Weide gelassen werden!

Ob Tiere dagegen einen freien Willen haben, kann man nicht wissen. Aber wir Menschen haben einen freien Willen. Die oberklugen Gentheoretiker, die dies bestreiten, müssen sich sagen lassen, dass man immer die Wahl hat, etwas zu tun oder nicht zu tun. Ganz bestimmt können sie sich entscheiden, die Existenz des freien Willens zu bejahen oder zu verneinen. Denn beweisen im eigentlichen Sinn lässt sich weder das Eine noch das Andere.

Freiheit ist für die Gesellschaft, was die Gesundheit für den Einzelnen ist.
Lord Bolingbroke

Die Wahrscheinlichkeit ist also hoch, dass die subjektive Wahrnehmung der meisten Menschen gilt, nämlich dass wir über einen freien Willen verfügen und dass dies das entscheidende Merkmal der menschlichen Existenz ist. **Wir sind Menschen, weil wir freien Willen haben und weil wir ihn gebrauchen** – nicht immer, aber wann wir wollen. Würden wir nur unseren Impulsen folgen, wären wir irgendetwas zwischen halbwegs intelligenten

Collage: Sabrina Halbe

Tieren oder Robotern, die ihre «Intelligenz» nur dann gebrauchen, wenn es ihnen erlaubt wird oder sie durch ein Signal dazu aufgefordert werden.

Die kontrollierbare Masse ist seit je das Idealbild aller Diktatoren, die mit Gewalt ihren Willen durchzusetzen versuchten. Dies ist auch immer wieder gelungen, wenn auch nie auf Dauer; selbst tausendjährige Reiche enden meist vorzeitig.

Denn mit Gewalt lässt sich der freie Wille zwar unterdrücken, aber nicht auslöschen. Der freie Wille kann sich nur selber aufgeben, manchmal durch Verführung, manchmal durch Druck, aber immer durch individuelle Entscheidung. Man hört auf zu wollen – der ultimativ letzte Wille.

So geht der Mensch als freies Wesen durchs Leben, im Bewusstsein, dass er tun und lassen kann, was nicht verboten ist. Man braucht dazu nicht einmal die immer komplizierteren Gesetze zu kennen. Ein Gefühl für Anstand und Moral, vermittelt durch die Erziehung, reicht

Der freie Wille kann sich nur selber aufgeben, manchmal durch Verführung, manchmal durch Druck, aber immer durch individuelle Entscheidung.

Die momentane Aussetzung des Zertifikats in vielen Ländern bedeutet keineswegs die Aufgabe des Projekts, sondern vielmehr seine Weiterführung abseits der Aufmerksamkeit.

in den allermeisten Fällen. Und wenn man wissen will, wie dick die Isolation für das Dach sein muss, dann schaut man halt nach oder bezahlt einen Ingenieur, dass er einem das gesetzeskonform ausrechnet.

Freiheit ist also der Grundzustand des Menschen, begrenzt durch Moral, Anstand und fallweise ein bisschen Gesetzeskundigkeit.

Das hat sich mit Corona fundamental zu ändern begonnen. Das Instrument dazu ist der QR-Code eines Zertifikats, eines Impfpasses oder einer Green Card, wie sie zur Vertuschung ihrer gemeinsamen Struktur unterschiedlich bezeichnet werden. Der Code erlaubt uns Zugang zu Einrichtungen und Veranstaltungen, an denen wir früher einfach so teilnehmen konnten, wenn wir wollten.

Der Ausbau des Impfpasses zu einer universellen Datenbank ist geplant und schon weit fortgeschritten. Dazu drei aufschlussreiche Analysen von Catherine Riva und Serena Tinari (www.re-check.ch). Die momentane Aussetzung des Zertifikats in vielen Ländern bedeutet keineswegs die Aufgabe des Projekts, sondern vielmehr seine Weiterführung abseits der Aufmerksamkeit.

Der Code erlaubt die sofortige Gewinnung von Personendaten und ihre Verknüpfung mit tausenden von anderen Informationen über uns, die wir beim Surfen, Mailen, Chatten oder Liken hinterlassen.

Diese Datenbank erlaubt auch die Einführung eines Sozialkredit-Systems wie in China. Wer ein paar Mal bei Rot die Strasse überquert oder mit den Zahlungen im Rückstand ist, muss den Bummler statt den Schnellzug nehmen, darf studieren – oder nicht – oder kriegt eine spezielle Wohnung zugeteilt.

Das Zertifikat verwandelt die Welt, die unserer Entdeckerlust offen steht, in eine Flucht von Türen, die wir nur noch öffnen können, wenn es uns erlaubt wird. Der Schlüssel liegt dabei nicht in der Hand eines Despoten, gegen den wir uns erheben oder unsere Wut richten können. Die Kontrolle liegt vielmehr in einem Algorithmus, der mehr über uns weiss als unser Ehepartner und der uns auch aufgrund unbekannter Kriterien steuert.

Unser Leben wird sich nicht mehr auf die Verwirklichung des Glücks, sondern auf die Verhinderung des Unglücks richten. Denn wir starten mit einem Guthaben auf unserem Sozialkredit-Konto, auf dem viele Abzüge, aber nur wenig Pluspunkte möglich sind. Die Welt verwandelt sich in unserer Wahrnehmung von einem Ort der Chancen in einen Ort der Gefahren, vor denen man ständig auf der Hut sein muss.

Wie Tiere im Zoo werden wir unser Verhalten anpassen, bis wir nur noch wollen, was wir dürfen. Wir werden am Halsband durchs Leben gehen. Und wir werden Kinder haben, die das Halsband als lebenswichtigen Teil ihres Körpers betrachten. Das Handy, schon jetzt ein essenzieller Teil des Lebens der meisten Menschen, wird zum unverzichtbaren Kern unseres Lebens. Ohne Technik bist du niemand. Und eh du's versiehst, bist du Technik.

Diese Form von Totalitarismus wird lange leben. Warum? Bis heute war jede Regierung von der Produktivkraft ihrer Untertanen abhängig. Dauerhafte und systematische Unterdrückung der Freiheit führte früher oder später immer zum Untergang, weil die materiellen Grundlagen ohne Menschen zerfielen. Die Sowjetunion ist nicht untergegangen, weil die Menschen der Unterdrückung überdrüssig waren, sondern weil die wirtschaftliche Basis der Gesellschaft wegbrach.

Dieses Malheur wird den nächsten Unterdrückern nicht mehr passieren. In naher Zukunft werden intel-

Der Mensch ist zur Freiheit verurteilt.
Jean-Paul Sartre

Ein paar Halsbändler genügen, das riesige System unter Kontrolle zu halten. Nichts wird fehlen, alle zugelassenen Träume können verwirklicht werden.

ligent gesteuerte Maschinen die meisten notwendigen Arbeiten dieser Welt verrichten. Ein paar Halsbändler genügen, das riesige System unter Kontrolle zu halten. Führerlose Agrarmaschinen und Industrieroboter werden zentral gesteuert produzieren, was uns zum Konsum erlaubt wird. Nichts wird fehlen, alle zugelassenen Träume können verwirklicht werden.

Den freien Menschen, der mit seiner Intelligenz, seiner unerschöpflichen Kreativität und seiner einzigartigen Kooperationsfähigkeit die Unbill der Natur überwand und all die Technologien entwickelte, wird es nicht mehr brauchen. Die Menschheit wird auf dem Umweg der Technik einen Zustand erreicht haben, der sich wie Gottgleichheit anfühlt – das alte luziferische Ziel.

Natürlich wird auch die Zivilisation des technokratischen Totalitarismus ein Ende nehmen; wie und wann wissen wir nicht. Aber es wird eine Zivilisation sein, in der ein Aufstand der Freiheit schwer möglich ist.

Wenn der ganze Globus unter Beobachtung steht, wird jeder Gedanke an die Freiheit sofort erstickt werden, bevor er auch nur in die kleinste Tat umgesetzt werden kann. Und unsere Kindeskinder werden an Halsbändern durch ein Leben gehen, das keines mehr ist. Einige werden wie Löwen im Käfig hin- und hergehen; die meisten werden passiv dahinvegetieren. Vermutlich wird es Lager geben, über die die Historiker der Zukunft einiges herausfinden werden, von dem niemand etwas gewusst haben will.

Die äussee Freiheit der vielen leitet sich ab aus der inneren Freiheit der einzelnen.
Theodor Heuss

Vielleicht wird der Traum von der Freiheit eine Krankheit sein, die sofort und endgültig wegbehandelt wird. Die alten Mythen der Freiheit und der Überwindung des Bösen werden umgeschrieben oder gecancelt, bis der freie Wille nur noch eine Quelle von Ärger ist, ein Hundekot auf dem Bürgersteig der Gesellschaft, dem man aus dem Weg geht.

Ein paar Monate noch, dann betreten wir den Vorhof dieses Reichs der Unfreiheit, aus dem es kein Zurück mehr gibt. Sobald der Impfpass zur gesellschaftlichen Realität geworden ist, wird er zur umfassenden Kontrolle ausgebaut, in der das Leben nicht mehr frei, sondern nur noch erlaubt ist. Und wo die Erlaubnis jederzeit entzogen oder an neue Bedingungen geknüpft werden kann.

Was tun? Als Ungeimpfter verfüge ich bereits über einige Erfahrungen am Rande der Gesellschaft. Wie in der Natur sind es die Ränder, an denen das Leben spriesst. Aber im Gegensatz zu den Samen, die im Frühling einfach keimen, geht es bei uns Menschen nicht ganz von alleine. Es braucht politischen Dünger.

Während man sich von den Verlockungen der Technologie durch ein frugales Leben fernhalten kann, braucht die Verhinderung der gesellschaftlichen Kontrolle auch politisches Engagement. Es wird allerdings nur etwas bewirken, wenn es auch die Geimpften erreicht. Sie könnten im Sommer besonders empfänglich sein, vor der nächsten Viren-Welle. ●

Man darf nicht warten, bis der Freiheitskampf Landesverrat genannt wird.
Erich Kästner

Der Tag des Alarms

Am 16. September 2019 ereignete sich Ausserordentliches: Der für das spekulative Börsengeschäft entscheidende Repo-Markt brach zusammen. Die US-Zentralbank verhinderte die finanzielle Kernschmelze mit elf Billionen Dollar. Und niemand sprach darüber.

Von Christoph Pfluger

Wie wichtig dieses Ereignis ist und ob es als Vorbote der kurz darauf beginnenden Pandemie verstanden werden kann, darüber kann immer noch debattiert werden. Vor allem, nachdem jetzt bekannt geworden ist, wie viel die Fed zur Rettung aufwendete – 11,23 Billionen Dollar bis Juli 2020 – und an wen die Gelder flossen: JPMorgan Chase, Goldman Sachs und Citigroup, die hauptsächlichen Verursacher und Nutzniesser der «Finanzkrise» von 2008/09.

Über den Repo-Markt, der nur für Banken, Investoren und Spekulanten interessant ist, schreiben die Medien wenig. Der Repo-Markt (von Repurchase-Agreement, Rückkaufsvereinbarung) ist für die Wertpapiermärkte entscheidend. Dort bieten Banken Hedge Fonds und Investmenthäusern sehr kurzfristig und günstig überschüssige Liquidität an, die damit die Verbindlichkeiten decken, für die sie gerade nicht genügend Geld haben.

Die Verträge beinhalten den Verkauf von Wertpapieren (typischerweise US-Staatspapiere) und ihren Rückkauf am nächsten Tag oder nach 48 Stunden, manchmal nach ein paar Wochen.

Der Repo-Markt ist die günstigste Liquiditätsquelle und deshalb essenziell für das Funktionieren der Wertpapiermärkte. Sogar börsenkotierte Investment-

Foto: unsplash.com

Firmen finanzieren ihre längerfristigen Engagements bis zu 80 Prozent mit kurzfristigen Geldern aus dem Repo-Markt, eine hochsensible, extrem krisenanfällige Praxis. Das tägliche Volumen liegt bei rund 4 Billionen Dollar, dem Sechzehnfachen des globalen BIP während eines Tages. Der gigantische Markt verwaltet den Treibstoff für die Spekulation an den Wertpapiermärkten. Wenn er nicht mehr funktioniert, ist der Teufel los.

Die Zinsen für Repogeschäfte lagen in den letzten zehn Jahren zunächst bei 0,1 bis 0,3 Prozent und begannen ab 2016 sukzessive auf 2,5 Prozent zu steigen. Dies signalisierte eine Erosion des Vertrauens einerseits zwischen normalerweise vollkommen zuverlässigen Partnern und andererseits in die gehandelten Wertpapiere, die faktisch wie hinterlegte Sicherheiten funktionieren. Ein Anstieg der Repo-Zinsen ist ein deutlicher Hinweis auf eine drohende Systemkrise. Das war in den Jahren vor dem Platzen der Dotcom-Blase 2000 und vor der «Finanzkrise»

Der gigantische Markt mit dem 16fachen des globalen BIP verwaltet den Treibstoff für die Spekulation an den Wertpapiermärkten. Wenn er nicht mehr funktioniert, ist der Teufel los.

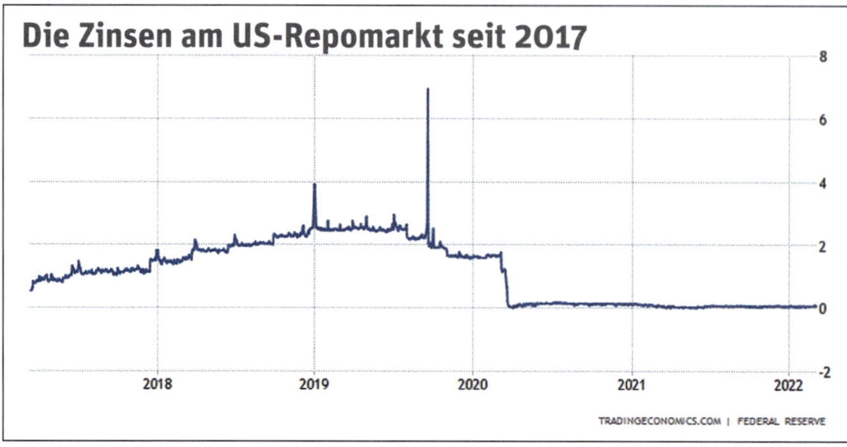

Grafik: Tradingeconomics/Federal Reserve

2008 jeweils der Fall. 2019 lagen die Repo-Zinsen stabil bei 2 bis 2,5 Prozent. Doch Mitte September geschah Erstaunliches: Die Nachfrage nach Liquidität explodierte und die Zinsen vervierfachten sich innert kürzester Zeit auf knapp acht Prozent. Ein Crash drohte. Die US-Zentralbank intervenierte mit erheblichen Beträgen und rettete die Finanzmärkte so vor einem Domino-Effekt des Misstrauens und der Pleiten.

Wie viel Geld bei diesen Interventionen fliesst und an wen, das muss die Fed erst nach zwei Jahren bekannt geben. So will es der Dodd-Frank-Act von 2010, der nach der Finanzkrise für mehr Transparenz und Anlegerschutz auf den US-Wertpapiermärkten erlassen wurde.

Ende Jahr 2021 war es dann so weit: Die Fed gab bekannt, dass allein im letzten Quartal 2019 4,5 Billionen Dollar in den Repo-Markt flossen. Die wichtigsten Empfänger waren JPMorgan Chase, Goldman Sachs und Citigroup. Interessant ist nicht nur, dass diese Banken zu den Eigentümern der Fed gehören, sondern dass die Mainstream-Presse erneut kein Wort über die Ungeheuerlichkeit verlor.

Die Wirtschaft ist die einzige Wissenschaft, in der jedes Jahr auf die gleichen Fragen andere Antworten möglich sind.
Ingrid Lorenzen

Pikant: die Fed ist auch die Kontrollbehörde der Banken, denen sie aus der Patsche half. Buchprüfer der Fed, die zu genau hinschauen, haben einen unsicheren Job,

Die Fed ist auch die Kontrollbehörde der Banken, denen sie aus der Patsche half. Buchprüfer der Fed, die zu genau hinschauen, haben einen unsicheren Job.

schreiben Pam und Russ Marten von wallstreetonparade.com.

Inzwischen hat sich gezeigt, dass die Fed zwischen September 2019 und Juli 2020 nicht weniger als 11,23 Billionen Dollar in längerfristigen Not-Krediten an die im Repo-Markt engagierten Banken sprechen musste. Die Bank-Patienten wurden stillschweigend von der finanziellen Intensivstation auf die Abteilung der Chronischkranken verlegt – mit derselben Intensiv-Pflege. Das Liquiditätsvolumen ist erheblich, liegt ein Mehrfaches über den Rettungsgeldern der «Finanzkrise» und

Taler, Taler, du musst wandern, von der einen Kris' zur andern

Nach Angaben von Edward Dowd, einem ehemaligen Portfoliomanager von Blackrock ist die Investoren-Community beunruhigt über die Übersterblichkeit aufgrund der Corona-«Impfstoffe». Mitte Februar sagte er Alex Jones von Infowars, er erwarte eine Verkaufswelle der Pharma-Papiere. Wenn das eintreten würde, könnten die Zentralbanken dem weder durch Zinssenkungen begegnen – sie sind schon faktisch bei Null – noch könnten sie, wie angekündigt, die Zinsen wieder erhöhen.

Unter dem Titel «The Ukraine invasion is good news for Wall Street» schrieb die englische Zeitschrift «Spectator» am 24. Februar: «Eine echte Krise ist genau das, was die Händler an der Wall Street wollen – ein weiteres Konjunkturpaket und die Absage von Zinserhöhungen. … Wenn wir gute Wirtschaftszahlen haben, besteht die Gefahr, dass die Fed, die Bank of England und andere Zentralbanken die Punschschüssel wegnehmen. Andererseits brauchen wir nur eine plötzliche Krise, die, wenn auch nur kurz, den Eindruck erweckt, dass die Welt untergeht – und die Punschschüssel wird zurückkommen, mit einer noch stärkeren Mischung als zuvor.» *Red.*

Die Bank-Patienten wurden stillschweigend von der finanziellen Intensivstation auf die Abteilung der Chronischkranken verlegt – mit derselben Intensiv-Pflege.

entspricht dem vereinigten Bruttoinlandprodukt der beiden Exportweltmeister China und Deutschland.

Zu den Ursachen der Repo-Krise gibt es verschiedene Erklärungen. Fed-Chef Jerome Powell meinte, die Banken hätten gleichzeitig Steuern bezahlen und Verbindlichkeiten aus Wertpapier-Auktionen begleichen müssen. Aber das sind vorhersehbare Geschäfte, die nicht zu überraschenden Krisen führen dürften und vor allem kein gigantisches Loch aufreissen können. Viel wahrscheinlicher ist, dass Credit Default Swaps (eine Derivat-Klasse) im Wert von 2,7 Milliarden Dollar auf das Reiseunternehmen Thomas Cook explodierten, das gleichentags Gläubigerschutz anmelden musste.

Viele Beobachter sind inzwischen der Ansicht, dass die Repo-Krise vom September 2019 das Signal war, dass das globale monetäre Kartenhaus nur mit ausserordentlichen Massnahmen vor dem Zusammenbruch gerettet, bzw. mit neuen Regeln neu aufgesetzt werden könne – dem Great Reset.

Der Moment der Wahrheit für das globale Finanzsystem musste früher oder später kommen. Die Kreditgeldschöpfung der Banken schafft Guthaben und gleichzeitig wachsende Schulden, sie erzeugt einen Wachstumszwang und bewirkt eine kontinuierliche Umverteilung von arm zu reich – Entwicklungen, die in einer endlichen Welt ihre natürliche, wenn auch harte Grenze finden.

Manchmal braucht man einen überwältigenden Zusammenbruch, um einen grossartigen Durchbruch zu bekommen.
Philipp Schmid

Das unausweichliche Ende des Systems ist natürlich auch den Herren des Geldes bekannt. Ihr Interesse besteht darin, die Akkumulation, die sie mit diesem System in den letzten hundert Jahren erreichten, in eine neue Ordnung mit ganz neuen Regeln hinüberzuretten. Da die Mehrheit der Menschen ihrer Enteignung durch den Great Reset – you'll own nothing and you'll be happy – auf demokratischem Weg nicht zustimmen dürfte, erscheint eine existenzielle Krise das probate Mittel, dem Aufstand von unten durch eine Revolution von oben zuvorzukommen.

Das ist die Interessenlage im Jahr 2019, dem «year of the revolt», wie es die Sozialforscher an seinem Ende bezeichneten. Entscheiden Sie selber, ob der 16. September 2019 den entscheidenden Alarm auslöste, der zum Druck auf den berühmten Reset-Knopf führte. Der Blick auf das Geldsystem erklärt vieles – sogar die Massnahmen gegen ein Virus, das bei weitem nicht so gefährlich war, wie behauptet. Es geht um das Geld, die Idee oder den Irrtum, der die Welt regiert.

Maximales Chaos und maximale Kontrolle

Der Verzweiflungsplan der Eliten ist zum Scheitern verurteilt – aber nur, wenn wir die Chance dieser epochalen Krise nutzen.

Von Ernst Wolff

Der amerikanische Präsident Franklin Roosevelt hat einmal gesagt: «Nichts in der Politik passiert zufällig. Wenn etwas passiert, dann kannst du darauf wetten, dass es so geplant war.»

Wenn man sich ansieht, was in den vergangenen eineinhalb Jahren passiert ist, dann wirkt dieser Satz besonders erschreckend. Kann es tatsächlich sein, dass alles, was wir erlebt haben, geplant war?

Dies vorweg: Ich kann für einen solchen Plan keine endgültigen Beweise, zum Beispiel in Form von verifizierten Dokumenten, liefern. Aber nachdem ich mich mehr als sechzehn Monate lang sehr eingehend damit beschäftigt habe, muss ich sagen: Es gibt eine erdrückende Zahl von Anzeichen und Hinweisen, die in diese Richtung deuten.

Die Situation, in der wir uns aktuell befinden, ist in der Geschichte der Menschheit einmalig. Noch nie ist die gesamte Welt einem derart globalen Zwangsregime unterworfen worden. Und noch nie sind so viele Massnahmen getroffen worden, die auf den ersten Blick so unverständlich, teilweise so unsinnig und vielfach so widersprüchlich wirken. Wir haben es offiziell mit der schwersten Gesundheitskrise seit Menschengedenken zu tun. Die Massnahmen, die dagegen ergriffen wurden, haben die Situation aber nicht verbessert, sondern kontinuierlich verschlimmert. Jeder Arzt kann bestätigen:

Noch nie sind so viele Massnahmen getroffen worden, die so unverständlich, so unsinnig und so widersprüchlich wirken.

Der gesundheitliche Zustand der Mehrheit der Menschen ist heute schlechter als vor der Krise. Selbst aus der Sicht derer, die die Massnahmen angeordnet haben, stehen wir vor einem Scherbenhaufen: Die angeblich drohende Vierte Welle und die Ankündigung der Notwendigkeit von Dritt- und Viertimpfungen bedeuten ja nichts anderes, als dass die bisherigen Massnahmen ihren Zweck, nämlich die Eindämmung der Krankheit, verfehlt haben.

Aber das ist noch lange nicht alles. Wir haben es zurzeit infolge der Lockdowns mit einer schweren globalen Wirtschaftskrise zu tun. Die Produktion harzt weltweit an allen Ecken und Enden, die Logistik liegt am Boden, Lieferketten sind zerbrochen, wir haben es mit Ernteausfällen, Nahrungsmittelengpässen und dazu mit einer Knappheit an für grosse Teile der Wirtschaft lebenswichtigen Halbleitern zu tun.

Aber auch in diesem Bereich sehen wir: Die Probleme werden nicht etwa angegangen und gelöst, sondern durch den Erlass weiterer Massnahmen und die ständige Androhung immer neuer Einschränkungen vermehrt und vergrössert. Zwei Beispiele: In China ist ein Hafenterminal im drittgrössten Frachthafen der Welt geschlossen worden – wegen eines einzigen positiv getesteten Hafenarbeiters! Oder Neuseeland: Dort sind fünf Millionen Menschen für drei Tage in einen Lockdown geschickt worden – ebenfalls wegen eines einzigen positiv getesteten Mannes!

Eine weitere Krise betrifft den Mittelstand, der weltweit mit Abstand die meisten Arbeitsplätze schafft und die höchste Steuerlast trägt. Er wird durch die unablässig geschürte Unsicherheit und ständig neue Regulierungen von Woche zu Woche stärker in die Enge getrieben und hat noch nie in einer so tiefen Krise gesteckt wie zurzeit.

Aber auch das ist noch nicht alles. Wir erleben weltweit ein gewaltiges Anziehen der Inflation, insbesondere bei Rohstoffen, bei Erzeugerpreisen und bei Nahrungsmitteln.

Man wird häufig finden, dass die Verteidiger der Freiheit nicht selten die grössten Tyrannen in ihrem Hause sind.
Lichtenberg

Wieso werden weltweit Massnahmen ergriffen, die ein Desaster nach dem anderen herbeiführen, anstatt die Menschen aus der Misere herauszuholen?

Aber auch hier wird nicht etwa gegengesteuert, im Gegenteil: Die Geldschwemme hält an und wird sogar noch verstärkt. Staaten und Zentralbanken haben seit Beginn der Krise fast 20 Billionen Dollar in den weltweiten Geldkreislauf eingespeist, ohne dass ein Ende in Sicht wäre, und der Internationale Währungsfonds (IWF), die mächtigste Finanzorganisation der Welt, hat mit 650 Milliarden die bisher grösste Menge ihrer eigenen Währung, der Sonderziehungsrechte, herausgegeben.

Nicht besser sieht die gesellschaftliche Situation aus. Nur ein Beispiel: In den USA, dem wirtschaftlich stärksten Land der Erde, sind knapp 4 Millionen Menschen von der Zwangsräumung bedroht, weil sie ihre Mieten nicht zahlen oder ihre Hauskredite nicht bedienen können. Mehr als zehnmal so viele sind nicht in der Lage, sich von ihrem Einkommen zu ernähren.

Und was das vorsätzliche Zerbrechen der Wirtschaft und das Anheizen der Inflation nicht geschafft haben, das haben Politiker erreicht: Eine länderübergreifende Spaltung der Bevölkerung, wie wir sie so noch nie erlebt haben.

Wieso? Fragt man sich. Wieso werden weltweit Massnahmen ergriffen, die ein Desaster nach dem anderen herbeiführen und die Mehrheit der Menschen immer tiefer in den Abgrund reissen, statt sie aus der Misere herauszuholen? Um diese Frage zu beantworten, muss man zwei weitere Fragen stellen, nämlich: Wer hat ein Interesse an dieser globalen Agenda? Und: Wer profitiert davon?

Die Antwort auf beide Fragen ist eindeutig: Der grösste Profiteur der aktuellen Krise und der wichtigste Drahtzieher hinter den Kulissen ist der digital-

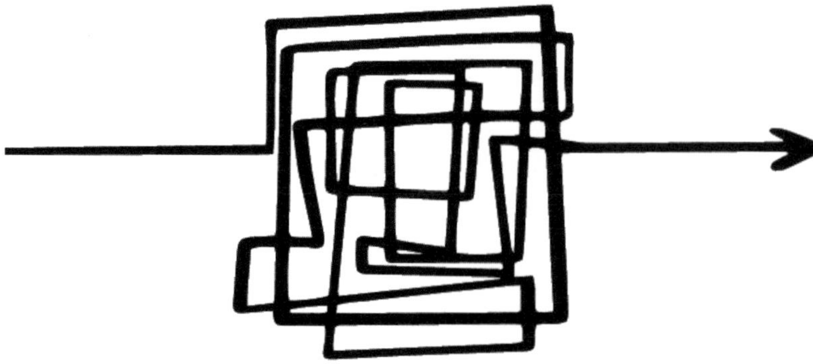

finanzielle Komplex – eine Art Interessensgemeinschaft, an deren Spitze die grössten IT-Unternehmen und die grössten Vermögensverwalter unserer Zeit stehen.

Zu den wichtigsten IT-Unternehmen zählen Apple, Alphabet, Amazon, Microsoft & Facebook. Der Börsenwert allein dieser Unternehmen beträgt zurzeit 9,1 Billionen US-Dollar. Nur zum Vergleich: Das Bruttoinlandsprodukt Deutschlands, Frankreichs und Italiens zusammengenommen beträgt 8,6 Billionen Dollar.

Zu diesen Digitalunternehmen kommen noch die grossen Vermögensverwalter, nämlich BlackRock, Vanguard, Fidelity und State Street. Sie alle sind massgeblich an sämtlichen IT-Unternehmen beteiligt, und nicht nur das: Allein diese vier verwalten zurzeit insgesamt 22,6 Billionen Dollar. Zum Vergleich: Das BIP aller 28 Staaten der Europäischen Union betrug 2020 15,7 Billionen Dollar.

Aber es ist nicht nur die ungeheure Finanzkraft all dieser Unternehmen, die den Digital-Finanziellen Komplex so mächtig macht. Nehmen wir die IT-Konzerne: Sie haben nicht nur selbst eine gewaltige Marktmacht, sie kontrollieren auch hunderttausende anderer Unternehmen, weil sie ja deren Digitalisierung organisieren und somit ständigen Einblick in deren Datenfluss haben. Die IT-Industrie ist im Grunde wie ein Tumor, der im Lauf der vergangenen Jahre in alle Wirtschaftszweige metastasiert ist, sie von sich abhängig gemacht hat und inzwischen vollständig beherrscht.

Nicht anders sieht es bei den Vermögensverwaltungen aus: Sie sind an allen grossen Unternehmen der Welt beteiligt und in der Lage, jeden beliebigen Markt in jede Richtung zu bewegen. Die grösste von ihnen,

Die IT-Industrie ist wie ein Tumor, der in alle Wirtschaftszweige metastasiert ist, sie von sich abhängig gemacht hat und inzwischen vollständig beherrscht.

BlackRock, verfügt mit dem mehr als vierzig Jahre alten Datenanalysesystem Aladdin über den grössten Fundus an Finanzinformationen, den die Welt je gesehen hat, und berät mit diesem Wissen im Hintergrund die grössten Zentralbanken der Welt. Bei dem riesigen Informationsvorsprung, den BlackRock durch Aladdin hat, dürfte klar sein, wer hier von wem abhängig ist.

Wir haben es also mit einer historisch einmaligen Mischung aus geballter Finanzkraft und der Verfügungsgewalt über einen unvorstellbar riesigen Datenpool zu tun. Diese Kombination hat den IT-Unternehmen seit Beginn der Krise einen Aufschwung wie nie zuvor beschert. Und nicht nur das, dieser Aufschwung beschleunigt sich kontinuierlich: Im letzten Quartal (April, Mai, Juni 2021) haben diese Konzerne die höchsten Gewinne ihrer Geschichte verzeichnet.

Man braucht angesichts dieser Fakten nicht viel Fantasie, um zu dem Schluss zu gelangen, dass es sich beim digital-finanziellen Komplex um DAS globale Machtzentrum handelt, um das sich alles dreht. Es steht weit über allen Regierungen und ist jederzeit in der Lage, jedes beliebige Kabinett der Welt in die Knie zu zwingen und es sich gefügig zu machen.

Umso mehr muss man sich allerdings über die Methoden wundern, mit denen der digital-finanzielle Komplex seit dem Anfang der Krise arbeitet, denn es sieht ja fast so aus, als untergrabe er genau das System, von dem er profitiert.

Nur ein paar Beispiele: Wenn er den Mittelstand zerstört, dann zerstört er doch seine eigene Lebensgrundlage, denn schliesslich zahlt der Mittelstand die

Was wir zurzeit erleben, ist eine gigantische Verzweiflungstat, wahrscheinlich die grösste der gesamten Menschheitsgeschichte.

meisten Steuern und schafft die meisten Arbeitsplätze. Und wenn er die Inflation anheizt, dann schadet ihm das doch auch selbst. Und wenn er den sozialen Frieden durch die Explosion der Ungleichheit zerstört, dann zerstört das doch auch den Boden, auf dem er seine Geschäfte macht.

All das sind berechtigte Einwände, die aber an der Realität vorbeigehen. Die sieht nämlich so aus: Der digital-finanzielle Komplex hat keine andere Wahl als das zu tun, was er zurzeit tut. Was wir aktuell erleben, ist nämlich nicht etwa eine am Schreibtisch entstandene Agenda, mit der er sich noch mehr Geld und Macht aneignen will, um dann in Ruhe die Früchte seiner Anstrengungen zu geniessen. Was wir zurzeit erleben, ist eine gigantische Verzweiflungstat, wahrscheinlich die grösste, die es in der gesamten Menschheitsgeschichte gegeben hat.

Diese Verzweiflungstat hat ihre Ursache darin, dass das System, dem der digital-finanzielle Komplex seine Existenz verdankt, mit den bisherigen Mitteln nicht mehr am Leben zu erhalten ist. Dieses System stand bereits in der Weltfinanzkrise vor seinem Ende. Hätten die Regierungen damals nicht riesige Mengen an Steuergeldern mobilisiert und die Zentralbanken angewiesen, Unmengen an Geld aus dem Nichts zu schaffen, wäre das System 2008 bereits kollabiert.

Die Rettung war allerdings nur vorübergehend: Die Geldmengen mussten über Jahre hinweg kontinuierlich erhöht und die Zinsen mussten ein ums andere Mal gesenkt werden, das System also immer instabiler gemacht werden. Das konnte auf Dauer nicht gutgehen, und im letzten Jahr war es so weit: Im März 2020 drohte der nächste Kollaps.

Ein allerletztes Mal aufgeschoben wurde dieser Kollaps durch einen finalen Kraftakt, nämlich die Senkung der Zinsen auf null und die Injektion von Billionen statt Milliarden ein allerletztes Mal aufgeschoben worden. Damit aber ist eine qualitativ neue Situation entstanden: Ein weiterer Aufschub würde eine Senkung der Zinsen in den Minusbereich erfordern und damit die Grundlage des Bankensystems zerstören, denn Banken können auf Dauer nicht mit Negativzinsen leben.

Das heisst: Einen weiteren Aufschub mit den bisher angewandten Mitteln wird es nicht geben. Man kann in der aktuellen Situation höchstens noch einmal Billionen und Aberbillionen ins System speisen – allerdings mit der Folge, dass die ohnehin schon stark anziehende Inflation weiter angeheizt und in eine Hyperinflation überführt wird.

Die Situation, in der sich der Digital-Finanzielle Komplex befindet, ist also die Alternative zwischen dem finalen Kollaps einerseits und der Hyperinflation, also der vollständigen Entwertung allen Geldes, andererseits. Das bedeutet: Wir sind historisch an einem Punkt angekommen, in der der digital-finanzielle Komplex im Rahmen des bestehenden Systems nur noch die Wahl zwischen zwei verschiedenen Formen des Zusammenbruchs hat. Was also tun?

Ganz offensichtlich hat man sich in dieser Situation für ein neues System und zum Zweck seiner Installation für eine Doppelstrategie entschieden: Auf der einen Seite bereitet man im Hintergrund, abseits der Augen der Öffentlichkeit, ein neues System vor und auf der anderen nutzt man gleichzeitig die Endphase des aktuellen todgeweihten Systems, um es nach allen Regeln der Kunst zu plündern.

Genau das ist es, was wir seit vergangenem März erleben: die vorsätzliche und ganz bewusst herbeigeführte Zerstörung der Weltwirtschaft zum ausschliesslichen Zweck der Selbstbereicherung durch den digital-

Marionetten lassen sich leicht in Gehenkte verwandeln. die Stricke sind schon da.
Stanislaw Jerzy Lec

finanziellen Komplex, bei gleichzeitiger Vorbereitung eines neuen Systems durch die Zentralbanken in Zusammenarbeit mit den IT-Konzernen.

Wie dieses neue System aussehen soll, wissen wir auch bereits: Es handelt sich um die komplette Abschaffung des Bargeldes und der Banken in ihrer bisherigen Form und die Einführung von digitalem Zentralbankgeld. Das Endziel sieht so aus, dass jeder von uns nur noch ein einziges Konto besitzt, über das sämtliche Transaktionen laufen, und dieses Konto soll nicht mehr bei einer Geschäftsbank angesiedelt sein, sondern bei der Zentralbank.

Der Hintergedanke dieses Plans ist folgender: Digitales Zentralbankgeld ist programmierbar, und da Zentralbanken unbegrenzt Geld aus dem Nichts schaffen können, könnte man auf diese Weise in der Tat Negativzinsen einführen, ohne das System zu zerstören.

Das ist aber bei weitem nicht die einzige Eigenschaft, die digitales Zentralbankgeld besitzt. Es würde dem Staat ermöglichen, alle Transaktionen zu überwachen, uns unterschiedliche Steuersätze zuzuweisen und uns individuelle Strafzahlungen aufzuerlegen.

Der Staat könnte das Geld teilweise an ein Ablaufdatum binden und er könnte uns zwingen, bestimmte Summen innerhalb bestimmter Zeiträume auszugeben. Er könnte das Geld aber auch zweckgebunden ausgeben und uns auferlegen, bestimmte Beträge nur für bestimmte Waren oder in bestimmten Regionen auszugeben. Vor allem aber wäre der Staat in der Lage, jeden von uns durch

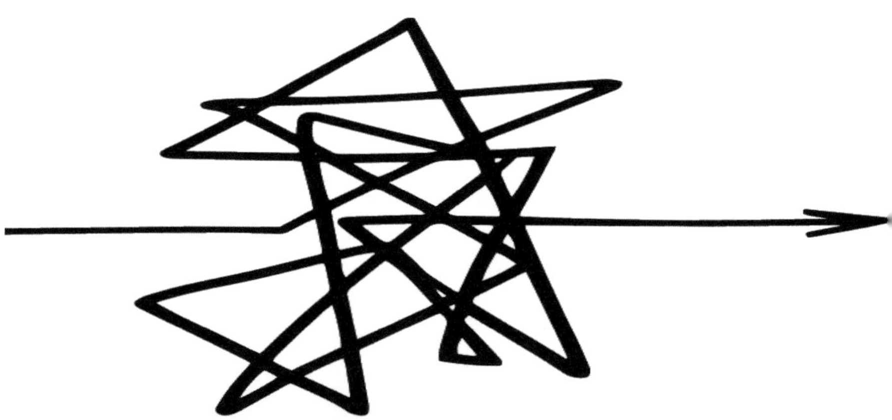

einen einfachen Mausklick von allen Zahlungsströmen abzuschneiden und uns so finanziell auszuschalten.

Digitales Zentralbankgeld wäre der wirksamste gesellschaftliche Steuerungsmechanismus, den es in der menschlichen Geschichte gegeben hat und damit nicht mehr und nicht weniger als die Vollendung einer über das Geld herbeigeführten allumfassenden Diktatur.

Das Ganze hat allerdings einen gewaltigen Haken, nämlich: den zu erwartenden Widerstand der Bevölkerung. Man kann mit Sicherheit davon ausgehen, dass ein grosser Teil der Menschen diese Form der Entrechtung nicht hinnehmen, es also bei der Einführung von digitalem Zentralbankgeld zu grosser sozialer Unruhe kommen würde.

Es ist genau dieses Problem, das den digital-finanziellen Komplex ganz offensichtlich auf den Gedanken gebracht hat, den Prozess der Einführung dieses Geldes umzukehren. Also: Das digitale Zentralbankgeld nicht allmählich einzuführen und dabei grossen Widerstand zu riskieren, der die Gesellschaft ins Chaos führt, sondern genau andersherum: Die Gesellschaft ins Chaos führen, um das digitale Zentralbankgeld als Lösung aller Probleme zu präsentieren, und zwar in der Form des universellen Grundeinkommens.

Wer meint, das sei eine aus der Luft gegriffene Verschwörungstheorie, dem empfehle ich, sich noch einmal ganz genau zu vergegenwärtigen, was wir in den vergangenen 18 Monaten erlebt haben: Unter dem Vorwand der Bekämpfung einer Krankheit

Das Endziel sieht so aus, dass jeder von uns nur noch ein einziges Konto bei der Zentralbank besitzt, über das sämtliche Transaktionen laufen.

sind verheerende und nicht wiedergutzumachende gesundheitliche, wirtschaftliche und finanzielle Schäden angerichtet worden, deren volle Auswirkung wir bisher nur in Ansätzen spüren. Gleichzeitig wird Tag für Tag daran gearbeitet, diese Schäden zu vergrössern. Parallel dazu wird die soziale Spaltung systematisch vertieft, indem man immer neue Keile zwischen die Menschen treibt. All das führt uns zielgerichtet in *eine* Richtung: Soziale Unruhen bis hin zum Bürgerkrieg, und zwar weltweit. Und genau das ist nach allen mir vorliegenden Informationen gewollt.

Wir erleben, dass unter Einsatz aller erdenklichen Mittel versucht wird, das grösstmögliche soziale Chaos anzurichten, um dann auf dem Höhepunkt dieses Chaos mit einem Allheilmittel mit Namen universelles Grundeinkommen aufzuwarten und auf diese Weise maximales Chaos in maximale Kontrolle umzuwandeln.

Es gibt auch noch einen zweiten Grund, warum das universelle Grundeinkommen aus Sicht der Mächtigen kommen muss: Wir stecken mitten in der Vierten Industriellen Revolution und werden in der vor uns liegenden Periode den Verlust von Millionen und Abermillionen von Jobs durch den Einsatz Künstlicher Intelligenz erleben.

Das heisst: Millionen von Konsumenten werden ausfallen, die Nachfrage nach Konsumgütern wird immer stärker einbrechen. Da das aktuelle Wirtschaftssystem aber konsumgetrieben ist, muss man, um es am Leben zu erhalten, diese Abwärtsspirale durchbrechen, und das geht nur, indem man den arbeitslosen Konsumenten auch ohne Job Geld zukommen lässt.

Wir sehen also: Was wir in den vergangenen 18 Monaten erlebt haben und was wir zurzeit erleben, folgt alles ganz offensichtlich einem Plan und der lautet: Demontage des aktuellen Systems zugunsten der Elite, Erzeugen von maximalem wirtschaftlichem und sozialem Chaos und Errichtung eines neuen Systems unter dem Vorwand, humanitäre Hilfe leisten zu wollen.

Nichts kann existieren ohne Ordnung. Nichts kann entstehen ohne Chaos.
Albert Einstein

Auf dem Höhepunkt dieses Chaos wird mit dem Allheilmittel universelles Grundeinkommen maximales Chaos in maximale Kontrolle umgewandelt.

Dieser Plan ist im Übrigen auch nachzulesen, und zwar in den beiden Büchern «Die Vierte Industrielle Revolution» und «The Great Reset» («Der grosse Umbruch») von Klaus Schwab, dessen World Economic Forum (WEF) bei der ganzen Agenda eine Schlüsselrolle spielt.

Das WEF hat es in den vergangenen 50 Jahren geschafft, zu einer der bedeutendsten Schaltzentralen des Digital-Finanziellen Komplexes zu werden, indem es zunächst Wirtschaftsführer, später auch Politiker und Medienschaffende, den Hochadel und Prominente miteinander vernetzt und seit den 1990er Jahren zusätzlich einer zielgerichteten Ausbildung unterzogen hat.

Wir wissen heute, dass seit 1992 die «Global Leaders of Tomorrow» und seit 2005 die «Young Global Leaders» einer systematischen und immer eingehenderen Schulung durch das WEF unterzogen werden, und dass es sich bei ihnen um genau die Personen handelt, die zurzeit direkt an den Schalthebeln der Macht sitzen. Ob Bill Gates, Jeff Bezos oder Jack Ma aus dem IT-Bereich, ob BlackRock-Chef Larry Fink, IWF-Chefin Kristalina Georgiewa oder Ex-Bank-of-England-Chef Mark Carney aus dem Finanzbereich oder ob Emmanuel Macron, Sebastian Kurz oder Angela Merkel aus der Politik – sie alle sind entweder vom WEF ausgebildet worden oder sitzen in seinen Führungsgremien.

Im Übrigen sind es nicht nur die 1300 Mitglieder dieser eng vernetzten Führungselite, die weltweit die Drähte ziehen. Seit 2012 sind auch noch 10 000 sogenannte «Global Shapers» hinzugekommen, unter dreissigjährige Führungskräfte aus Wirtschaft und

Politik, insbesondere Start-Ups, die ebenfalls vom WEF zusammengebracht wurden und in seinem Sinne Einfluss auf den Gang der Welt ausüben.

Wer wissen will, wie dieser Gang aussehen soll, dem sei ein Blick in die Werke von WEF-Gründer Klaus Schwab empfohlen. Und wer an dieser Stelle noch immer nicht glaubt, dass das, was wir alles erleben und erlebt haben, einem Plan folgt, der sollte einen Blick auf das Veröffentlichungsdatum von Schwabs «Great Reset» werfen. Das Buch ist am 9. Juli 2020 und damit nicht einmal vier Monate nach dem weltweiten Lockdown erschienen und gibt bereits genaue Anweisungen dafür, wie man Covid-19 benutzen sollte, um die Welt in Schwabs Worten «kreativ zu zerstören» und eine neue Welt aufzubauen, wobei das von ihm gezeichnete Menschenbild an die dunkelsten Zeiten des Nationalsozialismus erinnert.

Ich weiss, das Ganze klingt erschreckend, wie eine sorgfältig vorbereitete Apokalypse, und in der Tat: Die Agenda, die hier verfolgt wird, ist offensichtlich nicht nur geplant, sondern auch an Bösartigkeit und Hinterhältigkeit kaum zu übertreffen.

Wer hätte jemals vermutet, dass man die Weltwirtschaft einmal unter dem Vorwand, die Menschen vor den Auswirkungen einer Krankheit zu schützen, zum Einsturz bringen würde? Dass man den Menschen die Reisefreiheit, die Versammlungsfreiheit und die Freiheit der freien Meinungsäusserung nehmen und mehr als einhundert Millionen von ihnen zum Hungern verurteilen würde – angeblich zu ihrem eigenen gesundheitlichen Schutz?

Die Agenda, die hier verfolgt wird, ist offensichtlich nicht nur geplant, sondern auch an Bösartigkeit und Hinterhältigkeit kaum zu übertreffen.

Und wer hätte geglaubt, dass ein bekennender Eugeniker wie Klaus Schwab in die Lage versetzt werden würde, seine grauenvolle Vision von der Verschmelzung des Menschen mit der Künstlichen Intelligenz nicht nur weltweit zu verbreiten, sondern durch zehntausend Helfer vorantreiben zu lassen?

All das sind zutiefst verstörende Entwicklungen, mit denen wir zurzeit leben und unter denen wir alle leiden müssen, und deren Details jedem normal denkenden und normal fühlenden Menschen das Blut in den Adern gefrieren lassen.

Aber – und das ist die wichtigste Botschaft – das Ganze hat auch eine andere Seite, eine völlig andere Seite und vor allem: eine Seite, die uns allen einen Riesenauftrieb und jede Menge Kraft für die Zukunft geben sollte.

Der Plan der Elite und die Visionen des Klaus Schwab sind nämlich zum Scheitern verurteilt, und zwar aus mehreren Gründen: Der Wichtigste besteht darin, dass sich das Narrativ vom tödlichen Virus, das die Menschheit existenziell bedroht, nicht auf Dauer aufrechterhalten lässt.

Wir sehen ja bereits, wie das Lügengebäude links und rechts in sich zusammenfällt und wie zu seiner Legitimierung auf immer absurdere Argumentationen und wütendere Diffamierungen zurückgegriffen wird.

Wichtig ist, zu erkennen, dass die Heftigkeit, die die Medien zurzeit an den Tag legen, nicht von Stärke, sondern von Schwäche zeugt. Wer mit immer mehr Nachdruck immer groteskere Lügen wie die von der «Pandemie der Ungeimpften» verbreitet, wer gesunde

Die Menschen werfen all ihre Dummheiten auf einen Haufen, konstruieren ein Ungeheuer und nennen es Schicksal.
John Oliver Hobbes

Menschen zum Risikofaktor Nr. 1 in der Gesellschaft erklärt, wer wegen einzelner Krankheitsfälle ganze Länder zum Stillstand bringt, der tut das nur, weil ihm die Argumente ausgehen und er in seiner Verzweiflung einfach nur noch blind um sich schlägt.

Abraham Lincoln hat einmal gesagt: «Man kann einen Teil des Volkes die ganze Zeit und das ganze Volk einen Teil der Zeit belügen, aber man kann nicht das ganz Volk die ganze Zeit belügen.»

Genau das bewahrheitet sich in unserer Zeit. Und das hat für uns natürlich eine immense Bedeutung, denn es eröffnet das, was Klaus Schwab das «Window of opportunity» («das Fenster der Gelegenheit») nennt, allerdings in genau umgekehrter Dynamik.

Durch das Zerfallen des Narrativs wird die Glaubwürdigkeit derer, die uns in diese Situation geführt haben, Tag für Tag weiter untergraben und damit für uns ein einmaliges Zeitfenster für eine gewaltige und umfassende Kampagne der Aufklärung geöffnet.

Die objektiven Bedingungen, um die Menschen über die wahren Hintergründe der vermeintlichen Pandemie, die tatsächlichen Machtverhältnisse in der Welt und die wirklichen Bedrohungen, vor denen wir stehen, aufzuklären, waren nie so gut wie jetzt – und sie werden von Tag zu Tag besser, weil sich die Gegenseite in immer unglaubwürdigere Lügen verstrickt.

Und selbst wenn es dem digital-finanziellen Komplex gelingen sollte, das neue Geld einzuführen, ist auch das nicht das Ende der Welt. Das digitale Zentralbankgeld kann nämlich nur auf der Grundlage eines umfassenden Zwangssystems funktionieren. Man wird immer neue Preiskontrollen einführen, das universelle Grundeinkommen ständig erhöhen und so eine permanente Inflation erzeugen müssen, die wiederum zu einer kontinuierlichen Verarmung der Bevölkerung und einem ständigen Konflikt mit dem Staat und der Obrigkeit führen wird.

Wir sollten in dieser Ausnahmesituation Ruhe bewahren, alle Lügen konsequent aufdecken und den Menschen zeigen, wie, warum und von wem sie hinters Licht geführt werden.

Was wir wissen müssen, ist Folgendes: Wir stehen ganz zweifellos vor turbulenten und gefährlichen Zeiten, aber wir halten einen historischen Trumpf in der Hand: Er besteht darin, dass die Gegenseite nicht nach den Regeln der Vernunft, sondern aus Motiven wie Gier und Machtstreben handelt und daher gar nicht anders kann, als sich selbst immer stärker in Schwierigkeiten zu bringen.

Genau das sollten wir nutzen und uns allen immer wieder vor Augen halten: Die andere Seite mag über mehr Geld, mehr Besitz und dazu über alle Waffen der Welt verfügen, aber ihre Macht stützt sich weder auf ihr Geld noch auf ihren Besitz noch auf ihre Waffen, sondern einzig und allein auf einen Faktor: die Unwissenheit der Mehrheit der Menschen, also darauf, dass die Mehrheit das Spiel, das die Minderheit mit ihr treibt, nicht durchschaut.

So schrecklich alles ist, was der digital-finanzielle Komplex mit seinen Helfershelfern in den vergangenen achtzehn Monaten angerichtet hat und immer noch anrichtet, er hat sich in eine Situation manövriert, aus der er nicht mehr herauskommt und in der er in seiner Verzweiflung immer mehr rote Linien überschreiten muss.

Für uns alle heisst das: Wir sollten in dieser Ausnahmesituation ganz einfach die Ruhe bewahren, alle Lügen konsequent aufdecken und den Menschen so Stück für Stück zeigen, wie, warum und von wem sie hinters Licht geführt werden.

Wenn wir das tun und uns dabei auf die Stärke unserer Argumente besinnen, dann können wir nicht nur die aktuellen Probleme lösen, sondern möglicherweise noch viel Grösseres schaffen, nämlich eine der tiefsten Krisen der Menschheit nutzen, um das Ruder der Weltgeschichte herumzureissen und so die Tür zu einer neuen Zeit aufzustossen. ●

Der vorliegende Aufsatz ist der Text einer Rede, die Ernst Wolff am 21. August anlässlich des Sommer-WEFF in Davos gehalten hat.

Ernst Wolff (*1950) ist Journalist und Finanzbuchautor. Einem grösseren Publikum bekannt geworden ist er durch seine Sendung «Wolff of Wallstreet» bei KenFM.

Bücher von Ernst Wolff:

Wolff of Wall Street – Ernst Wolff erklärt das globale Finanzsystem. Promedia, 2020. 192 S. Fr. 28.90/€ 19.90.

Finanz-Tsunami – Wie das globale Finanzsystem uns alle bedroht. edition e.wolff, 2017. 192. Fr. 28.90/€ 19.–

Weltmacht IWF – Chronik eines Raubzugs. Tectum-Verlag, 2014. 234 S. Fr. 27.90/€ 17.95

Wie man einer kranken Gesellschaft entkommt

Academy of Ideas

Das 20. Jahrhundert zeigt deutlich, dass der Totalitarismus keine Lösung für irgendein Problem ist, sondern eine soziale Krankheit der schrecklichsten Art. Die totalitären Regimes des 20. Jahrhunderts haben mehr unschuldige Männer, Frauen und Kinder umgebracht als Naturkatastrophen, Pandemien oder sogar die beiden Weltkriege. Wenn wir also das Pech haben, in einer Welt zu leben, die mit dem Totalitarismus flirtet – wie entkommen wir ihm? Dieser Text stützt sich auf die Erkenntnisse derjenigen, die den Totalitarismus studiert und unter ihm gelebt haben, und zeigt, wie man sich der Kontrolle der gnadenlosen, verrückten Möchtegern-Totalitaristen entziehen kann.

Um zu verstehen, wohin diese Form der Flucht führt, werden wir sie mit zwei anderen Varianten der Flucht vor dem Totalitarismus vergleichen – mit der Flucht nach hinten und der physischen Flucht. Bei der Flucht nach hinten wird das Bewusstsein für die Wirklichkeit und ihre Gefahren mit Drogen und Alkohol oder durch stundenlanges Zappen vor Bildschirmen abgestumpft. Die Flucht nach hinten kann kurzfristig Angstgefühle, Depressionen und Langeweile lindern. Aber je mehr man sich auf solche Aktivitäten verlässt, desto schlechter wird die psychische Gesundheit. Zudem verhindert die Flucht nach hinten den Aufstieg des Totalitarismus nicht, da sie Unterwürfigkeit, Passivität und Apathie fördert – was die Menschen manipulierbarer und kontrol-

Keine noch so mächtigen Waffen können dem Westen helfen, solange er seinen Verlust an Willenskraft nicht überwindet.
Aleksandr Solschenizyn

Le Barde *(1806) von Anne-Louis Girodet-Trioson, franz. Maler (1767 bis 1824)*

Bei der Flucht nach hinten wird das Bewusstsein für die Wirklichkeit und ihre Gefahren mit Drogen und Alkohol oder durch stundenlanges Zappen vor Bildschirmen abgestumpft.

lierbarer macht, wie Dr. Joost Meerloo in seinem Buch «The Rape of the Mind» (2009, Die Vergewaltigung des Verstandes) schreibt:

> «Der Kult der Passivität und der sogenannten Entspannung ist eine der gefährlichsten Entwicklungen unserer Zeit. Im Wesentlichen handelt es sich um ein Verschleierungsmuster, den doppelten Wunsch, die Gefahren und Herausforderungen des Lebens nicht zu sehen und selber nicht gesehen zu werden. Stille, isolierte Entspannung mit Alkohol, Süssigkeiten oder Fernsehen können den Geist in Passivität versetzen und ihn anfällig für die verführerische Ideologie eines Feindes machen. Die Gefahr des Totalitarismus durch Passivität zu leugnen, gibt diejenigen, die sich anfangs vor ihm gefürchtet haben, schrittweise seinen Verführungen preis.»

Eine Alternative zur Flucht nach hinten ist die physische Flucht an einen Ort grösserer Freiheit. Diese Form der Flucht hat viele Vorteile. Da wir nur eine Chance im Leben haben, warum sollten wir nicht an einem Ort ohne die lähmende Kontrolle von korrupten und machtgierigen Politikern und Bürokraten leben?

Aber es gibt auch Probleme mit dieser Form der Flucht. Erstens ist es für viele Menschen nicht praktikabel, ihre Sachen zu packen und in ein neues Land zu ziehen. Und in einer Zeit des globalen Aufstiegs der Tyrannei wird die Sinnhaftigkeit der physischen Flucht noch geringer, da die begehrten Orte der Freiheit immer seltener werden. Weggehen, wie die Flucht nach hinten, ist nicht die ideale Antwort auf den Aufstieg des Totalitarismus. Dies ist vielmehr die Flucht nach vorn in eine neue und bessere Realität.

Was bedeutet die Flucht nach vorn? Um diese Frage zu beantworten, müssen wir mit der Vorstellung aufräumen, der Totalitarismus sei durch Folgsamkeit zu besiegen. Viele Menschen beugen sich den Befehlen von Möchtegern-Totalitaristen im Glauben, dies sei die schnellste Rückkehr zu einem gewissen Anschein von Normalität. Aber das ist unüberlegt – und feige. Die Philosophin Hannah Arendt betont in ihrem Buch «Elemente und Ursprünge totaler Herrschaft», dass Nachgiebigkeit totalitäre Regime nur bestärkt:

> «Der charakteristischste Aspekt des totalitären Terrors [ist], dass er entfesselt wird, wenn jeder organisierte Widerstand erlahmt ist und der totalitäre Herrscher weiss, dass er keine Angst mehr haben muss. … Stalin begann seine grossen Säuberungen nicht 1928, als er feststellte, ‹wir haben innere Feinde›, sondern 1934, als alle früheren Gegner ‹ihre Fehler eingestanden› hatten und Stalin selbst auf dem siebzehnten Parteitag erklärte: ‹… es gibt nichts mehr zu beweisen und, wie es scheint, niemanden zu bekämpfen.›»
>
> (rückübersetzt aus dem Englischen)

Totalitaristen **ernähren sich von Konformität.** Konformität ist nicht der Weg zurück zu einer Form von Normalität und wird es nie sein. Vielmehr sind Nonkonformität und ziviler Ungehorsam unerlässlich, um dem Aufstieg der totalitären Herrschaft entgegenzuwirken. Doch neben dem Widerstand erfordert das Ausbrechen in eine Realität ohne die Krankheit der totalitären Herrschaft den Aufbau einer Parallelgesellschaft.

Eine Parallelgesellschaft dient vor allem zwei Zwecken: Sie bietet denjenigen Freiräume, die vom totalitären System abgelehnt werden oder sich weigern, an ihm teilzunehmen, und sie bildet die Grundlage für eine neue Gesellschaft, die aus der Asche der vom Totalitarismus angerichteten Zerstörung erwachsen kann. Oder wie Václav Havel, Dissident in der kommunistischen Tsche-

Die Hoffnung ist in Wirklichkeit das schlimmste aller Übel, denn sie verlängert die Qualen des Menschen.
Nietzsche, Menschliches, Allzumenschliches

Da wir nur eine Chance im Leben haben, warum sollten wir nicht an einem Ort ohne die lähmende Kontrolle von korrupten und machtgierigen Politikern und Bürokraten leben?

choslowakei und später ihr letzter Staatspräsident sowie der erste der Tschechischen Republik, in seinem Essay «Die Macht der Mächtigen oder Die Macht der Machtlosen» von 1978 schreibt:

> «Wenn diejenigen, die sich entschieden haben, in der Wahrheit zu leben, keinen direkten Einfluss auf die bestehenden sozialen Strukturen haben, geschweige denn die Möglichkeit, an ihnen teilzuhaben, und wenn diese Menschen beginnen, das zu schaffen, was ich das unabhängige Leben der Gesellschaft genannt habe, dann beginnt dieses unabhängige Leben von selbst, sich auf eine bestimmte Weise zu strukturieren. ... Diese parallelen Strukturen entstehen nicht aus einer theoretischen Vision der Systemveränderung, sondern aus den Zielen des Lebens und den authentischen Bedürfnissen der wirklichen Menschen.»

Es gibt zahllose Möglichkeiten, zum Aufbau einer Parallelgesellschaft beizutragen. Man kann Technologien entwickeln, die die Freiheit fördern, oder freie Wirtschaftsstrukturen für den ungehinderten Austausch schaffen. Man kann ein Unternehmen leiten, das sich der Umsetzung ungerechter Gesetze oder Vorschriften widersetzt, oder man kann Medien oder Bildungseinrichtungen schaffen, die den Lügen und der Propaganda des Staates entgegenwirken. Oder man kann Musik, Literatur oder Kunstwerke schaffen, die der Erstarrung der totalitären Kultur entgegenwirken. Die Parallelgesellschaft ist eine dezentrale und freiwillige Alternative zur zentralisierten und zwanghaften Kontrolle der totalitären Gesellschaft, wie Havel erklärt:

Jeder Mensch ist eines Tages einmal ein Prophet.
Lichtenberg

The Emigrant's Last Sight of Home *(1858) von Richard Redgrave, brit. Maler (1804 bis 1888)*

«Eine der wichtigsten Aufgaben, die sich die Bewegungen der Dissidenten gestellt haben, ist die Unterstützung und Entwicklung [paralleler gesellschaftlicher Strukturen]. … Was sind diese ersten Versuche gesellschaftlicher Selbstorganisation anderes als das Streben eines bestimmten Teils der Gesellschaft, ... sich von den sich selbst erhaltenden Aspekten des Totalitarismus zu befreien und sich damit radikal aus der Verstrickung in das [totalitäre] System zu lösen?» (Die Macht der Mächtigen oder Die Macht der Machtlosen)

Und wie er seinem Buch «Leben in Wahrheit» schreibt:

«… es wäre falsch, die Parallelstrukturen als einen Rückzug in ein Ghetto und als einen Akt der Isolierung zu verstehen, der nur dem Wohl derjenigen dient, die sich für einen solchen Weg entschieden haben. … In der letzten Phase dieses Prozesses beginnen die offiziellen Strukturen … zu verwelken und abzusterben, um durch neue Strukturen ersetzt zu werden, die von ‹unten› entstanden und grundlegend anders aufgebaut sind.»

Der Aufbau einer Parallelgesellschaft ist jedoch nicht nur eine langfristige Lösung zur Überwindung des Totalitarismus, sondern dient auch dazu, dem Aufstieg der totalitären Herrschaft entgegenzuwirken. Denn der Aufbau paralleler gesellschaftlicher Strukturen zeigt, dass sich nicht jeder der totalen staatlichen Kontrolle unterwirft, was, wie Hannah Arendt feststellte, dazu beiträgt, die potenziellen Totalitaristen in Schach zu halten.

Dieser Prozess wirkt auch der sozialen Atomisierung entgegen, die mit totalitärer Herrschaft einhergeht, indem er freiwillige gemeinschaftliche Bindungen zwischen den Freunden der Freiheit fördert. Und als zusätzlicher Vorteil hilft es denjenigen, die sich an diesem Prozess beteiligen, den täglichen Gefühlen von Angst, Langeweile und Depression in einer Welt auf dem Weg zum Totalitarismus zu entkommen. Denn wenn wir am Aufbau der Parallelgesellschaft mitwirken und diszipliniert und konzentriert darauf hinarbeiten, geben wir unserem Leben mehr Sinn und eröffnen uns die Möglichkeit, die höchsten Zustände von Flow und «Rausch», wie Nietzsche das glühende Leben beschrieb, zu erreichen.

Sowohl Flow als auch Rausch sind natürliche Wege, um dem täglichen Elend des Lebens in einer kranken und korrumpierten Gesellschaft zu entkommen. Je mehr Menschen Flow und Rausch erleben, desto schwieriger ist es für die Machthaber, die Bevölkerung in die Ketten totalitärer Knechtschaft zu treiben.

Die Flucht nach vorn mit dem Aufbau einer Parallelgesellschaft ist auch mit Risiken verbunden. Der Erfolg ist nicht garantiert. Aber es ist die weitaus bessere Option als nur zuzusehen und zu hoffen, dass die Dinge besser werden. Dazu ist vielmehr das mutige Handeln möglichst vieler Menschen erforderlich. Und je eher die Menschen den Möchtegern-Totalitaristen trotzen, desto grösser ist die Chance auf Erfolg. Denn der Fehler, der in den totalitären Ländern des 20. Jahrhunderts immer

Viele Menschen beugen sich den Befehlen von Möchtegern-Totalitaristen im Glauben, dies sei die schnellste Rückkehr zu einem gewissen Anschein von Normalität.

wieder gemacht wurde, war, dass die Menschen nicht früh genug gehandelt haben. Milton Mayer interviewte für sein Buch «They Thought They Were Free» Menschen unter Hitlers Herrschaft. Eine der Aussagen sollte als besondere Warnung dienen:

«Du wartest auf eine grosse schockierende Gelegenheit und denkst, dass sich andere bei einem solchen Schock mit dir zusammenschliessen, um irgendwie Widerstand zu leisten ... Aber die eine grosse schockierende Gelegenheit, bei der sich Dutzende oder Hunderte oder Tausende mit dir zusammenschliessen werden, kommt nie. ... Wenn die letzte und schlimmste Tat des ganzen Regimes unmittelbar nach der ersten und kleinsten gekommen wäre, hätten Tausende, ja Millionen ausreichend schockiert sein müssen ... Aber so läuft es natürlich nicht. Dazwischen liegen Hunderte von kleinen Schritten, einige davon unmerklich, jeder von ihnen bereitet dich darauf vor, vom nächsten nicht schockiert zu sein ... Und eines Tages, zu spät, stürzen deine Prinzipien, falls du sie jemals begriffen hast, in sich zusammen und du siehst, dass sich alles – alles – verändert hat ... Jetzt lebst du in einer Welt des Hasses und der Angst, und die Menschen, die hassen und fürchten, wissen es nicht einmal selbst; wenn alle verändert sind, ist niemand verändert.» ●

Quelle: Academy of Ideas: **How to Escape from a Sick Society,** 7.9.21

Die **Academy of Ideas** ist ein Videoblog von zwei kanadischen Brüdern. Im Zweiwochenrhythmus veröffentlichen sie Videos von hohem philosophisch-psychologischem Gehalt, illustriert mit Werken grosser Maler. https://academyofideas.com

Die Wahrheit ist in dieser Zeit so sehr verdunkelt, und die Lüge so allgemein verbreitet, dass man die Wahrheit nicht erkennen kann, wenn man sie nicht liebt.
Blaise Pascal

Der Weg zur nächsten Welt

Eine Idee umkreist die Welt im Buchteil einer Sekunde. Aber für die letzten paar Zentimeter durch die Schädeldecke braucht es manchmal Wochen, Jahre oder Jahrzehnte.

ist kurz, aber lang

Von Christoph Pfluger

Foto: Evelyn Mostrom / unsplash.com

Drei Männer könnten die Schulden aller afrikanischen Staaten von 726 Mrd. Dollar sofort tilgen, wenn sie ihr Vermögen auf je 40 Milliarden Dollar reduzierten. Ein gewaltiger Ruck der Befreiung würde durch die Welt gehen. Die Regierungen müssten sich nicht mehr erpressen oder bestechen lassen, ihre Ressourcen unter Preis herzugeben. Kinder könnten zur Schule statt in die Bergwerke und Geflüchtete könnten zurück in ihre Heimat und am Aufbau ihrer Länder mitarbeiten. Und das wäre erst der Anfang.

Die hundert nächsten Milliardäre könnten die lateinamerikanischen Staaten entschulden, wenn sie ihr Vermögen auf sieben Milliarden beschränkten. Ein Neuanfang würde die Welt erfassen, wie sie ihn noch nie in ihrer Geschichte erlebt hat. Aber die drei Männer werden es nicht tun, obwohl man sie noch in tausend Jahren dafür preisen würde, die Welt nicht nur aus ihrer grössten Krise geholt, sondern den Grundstein für eine wahrhaftige Renaissance gelegt zu haben.

Ich erwähne das hypothetische Beispiel (auf der Grundlage realer Zahlen), um zu zeigen, dass

- die Verschuldung – und als Folge die Ungleichheit – das grösste Hindernis auf dem Weg in eine gerechte und friedliche Zukunft ist und
- dieses Hindernis mit einem Federstrich und innert kürzester Zeit überwunden werden könnte.

Viele Menschen spüren intuitiv, dass sich mit der Corona-Pandemie eine fundamentale Transformation zu manifestieren beginnt, die zwei Richtungen einschlagen kann. Die eine Richtung ist der Great Reset, wie ihn Klaus Schwab in seinem gleichnamigen Buch beschrieben hat: eine globale, von Wirtschaftsinteressen dominierte Autorität, die mit sozialer Kontrolle, Automation und der Digitalisierung des Lebens einen «Neustart» durchsetzen will, der gleichzeitig die Fortführung und Zementierung der bestehenden Machtverhältnisse garantiert. Corona bietet dazu das einzigartige *window of opportunity*, den Menschen zu einem willigen Rädchen im zweifelhaften grossen Plan zur Rettung der Zivilisation zu machen. Der Krieg in der Ukraine, der sich bereits zu einem globalen Wirtschaftskrieg entwickelt hat, schraubt diesen Plan auf eine ganz neue Ebene der Dringlichkeit.

Mit unbezahlbaren Schulden hat die Welt einfach keine andere Zukunft als die Versklavung.

Auf der anderen Seite besteht die reale Möglichkeit, die multiple Krise des Finanz- und Wirtschaftssystems, der Demokratie, des Ökosystems Erde und der kollektiven Psyche für eine Renaissance zu nutzen, die das Leben auf der Erde relativ rasch auf eine deutlich höhere Ebene der Freiheit, des Friedens und der Harmonie mit der Natur heben kann. Zustände nahe unserer Vorstellung eines irdischen Paradieses sind innerhalb einer Generation tatsächlich möglich. Nur geht es uns wie den drei reichsten Männern: Wir sehen es nicht. Aber das könnte sich ja ändern, wenn Sie weiterlesen.

Es gibt viele Bereiche, über die eine Wiedergeburt der Zivilisation in Angriff genommen werden kann (siehe zehn Gebote der Renaissance) und die auch einzeln enorme Verbesserungen bringen. Man denke nur an die Abrüstung oder die Ökologisierung der Landwirtschaft. Aber die Reform all dieser Bereiche wird nur dann wirklich gelingen, wenn

Die Reichen, die Armen und der Zinseszins

Die drei reichsten Männer der Erde, Elon Musk, Jeff Bezos und Bernard Arnault, besitzen gemäss Forbes 844 Mrd. Dollar. Die Staatsschulden der afrikanischen Länder betragen 726 Mrd. Dollar. Nach Zahlung der Schulden Afrikas bleiben ihnen noch 118 Mrd. Dollar, knapp 40 pro Person.

Die Schulden der Staaten Lateinamerikas liegen aktuell bei 3,3 Bio. Dollar. Das Vermögen der reichsten Milliardäre von Platz 4 (William Gates III.) bis Platz 103 (Xing Wang, 17, 9 Mrd.) beträgt kumuliert 3,9 Bio.

Wie gross die von diesen Staaten ursprünglich aufgenommene Kreditsumme war, lässt sich nicht mehr ohne weiteres berechnen. Die jetzige Schuld dürfte weit über dem liegen, was sie ursprünglich erhielten.

Im Jahr 2000 sagte der damalige nigerianische Präsident Obasanjo nach dem G8-Gipfel in Okinawa: «Alles, was wir uns bis 1985 oder 1986 ausliehen, waren ungefähr 5 Mrd. Dollar. Bis jetzt haben wir 16 Mrd. zurückbezahlt. Und trotzdem sagt man uns, wir schuldeten immer noch 28 Mrd. Dieser Betrag ist durch die Zinssätze der ausländischen Kreditgeber entstanden. Wenn Sie mich nach der schlimmsten Sache der Welt fragen, würde ich sagen, es ist der Zinseszins.» *Red.*

Wenn man ständig die Zukunft in der Gegenwart aufbraucht, hat man früher oder später keine Zukunft mehr.

gleichzeitig die grösste Aufgabe, die Entschuldung, angepackt wird. Mit unbezahlbaren Schulden hat die Welt schlicht und einfach keine andere Zukunft als die Versklavung, wohin uns Schwab & Co. mit ihrem Reset und ihrem Traum der Digitalisierung des Denkens innert weniger Jahre führen wollen. Direkt verbunden mit der exorbitanten Verschuldung ist die historisch einmalige Ungleichheit und letztlich die Frage: Wem gehört was?

Das sind epochale Fragen, die unserem restlichen Leben eine ganz bestimmte Richtung geben, ob wir nun selber Antworten darauf finden oder uns vom Hauptstrom treiben lassen. Die Zivilisation mit ihren Zwängen zum Wachstum und zur Technisierung wird ihren Weg auch ohne uns gehen. Aber wir haben immerhin die Wahl, mitzubestimmen oder über uns bestimmen zu lassen. Wenn uns der Kern der menschlichen Existenz, der freie Wille, etwas wert ist, werden wir die Mitbestimmung und den Widerstand wählen müssen, keine Frage. Wir werden erkennen müssen, dass so grundlegende Dinge wie die Hebelgesetze auch für uns gelten und wir die Kräfte am besten dort einsetzen, wo sie die grösste Wirkung erzielen.

Der Faktor mit der grössten Gestaltungskraft auf dem Planeten Erde ist das Geld, vermutlich mehr noch als die Liebe. «Sinn ist das Steuerkriterium komplexer Systeme», sagt der deutsche Soziologe Helmut Willke, Professor für Global Governance an der Zeppelin-Universität in Friedrichshafen. Geld ist der Sinn, der unsere komplexe Zivilisation steuert, indem es allen Teilnehmern eine gemeinsame Realität gibt. Aber dieser Sinn verliert gerade seine Grundlage und die Erde taumelt und torkelt wie ein Betrunkener, der seinen Weg nachhause verloren hat.

Die Antwort auf Sinnverlust, wäre natürlich die Vermittlung eines neuen Sinns, der den Menschen Richtung gibt und Kraft erzeugt, auch schwierige Zeiten durchzustehen. Gemäss dem Wiener Psychiater Viktor Frankl, der drei Konzentrationslager überlebt hat, ist Sinn die grösste Überlebenskraft. [Der Sinn ist die Liebe, sagt der Korrektor].

Nur: Wie finden wir einen neuen Sinn? Von den Religionen, die den gegenwärtigen Schlamassel auch nicht verhindern konnten, ist nicht viel zu erwarten. Bleibt uns tatsächlich nichts anderes, als auf einen neuen Messias zu hoffen? Wer das tut, übergibt sein Leben einer äusseren Kraft und verleugnet damit gleichzeitig die eigene Erkenntnisfähigkeit, die in Zeiten omnipräsenter Fakenews und Propaganda ganz besonders gefordert wäre.

Geld regiert nicht nur die Welt, es ist auch eine Illusion. Wir glauben alle so intensiv daran, dass sie sich eine eigene Wirklichkeit geschaffen hat, die freilich an den universellen Gesetzen zerschellen wird. Wenn man ständig die Zukunft in der Gegenwart aufbraucht, hat man früher oder später keine Zukunft mehr.

Der illusionäre Charakter des Geldes erklärt sich aus seiner Schöpfung: 90 Prozent des Geldes entstehen durch die Kreditvergabe der Banken aus dem Nichts. Sie verleihen nicht das Geld der Sparer, son-

Die zehn Gebote der Renaissance

1. **Entschuldung:** Eine hochverschuldete, ungleiche Welt kann keine wirklichen Krisen bewältigen und hat keine Zukunft.
2. **Bodenreform:** Der Mensch soll nur besitzen, was er auch herstellen kann.
3. **Agrarwende:** Mit der Natur statt gegen sie.
4. **Gesundheitsreform:** Förderung der Gesundheit, weniger Kampf gegen Krankheiten.
5. **Abrüstung:** Schwerter zu Pflugscharen.
6. **Demokratie:** Der Mensch zählt, nicht das Geld. Und das letzte Wort hat der Souverän.
7. **Genossenschaften:** Die Grundform der Wirtschaft: gemeinsame Verantwortung, gemeinsamer Ertrag.
8. **Geldreform:** Fairer, zinsfreier Austausch, real, ohne Wachstumszwang und ohne Umverteilung.
9. **Grundeinkommen:** Die Fülle der Schöpfung gehört allen, zu gleichen Teilen.
10. **Glokalisierung:** Gemeinschaft, auch mit den Nachbarn von Übersee.

Motto: Aus Parasiten müssen Symbionten werden.

Diese zehn Gebote entstanden an einer Redaktionssitzung mit Mathias Bröckers im Mai 2020 und wurden unter dem Titel «Die zehn Corona-Gebote» veröffentlicht. Der Titel erscheint vielleicht etwas hochfahrend. Die Autoren erheben selbstverständlich keinen Anspruch, Gebote zu erlassen. Aber sie lieben es, die Dinge auf den Punkt zu bringen.

Unser Geldsystem kann nur überleben, wenn es wächst und immer weitere Bereich des Lebens und der Natur monetarisiert und ausbeutet. Die Zitrone wird ausgepresst, bis Blut kommt.

dern schreiben einfach neues Geld, das sie nicht haben, in das Konto des Kreditnehmers, mit dem er dann bezahlen kann, wie wenn es richtiges Geld wäre. Die Banken brauchen dazu nur bisschen Mindestreserve, 2,5 Prozent in der Schweiz, 1 Prozent im Euroraum und null in den USA. Dabei, und das ist die Krux, entsteht nicht nur ein gleich bleibendes Guthaben, das die Geldmenge erhöht und in Zirkulation geht, sondern auch eine mit der Zeit wachsende Forderung. Es hat also nie genug Geld im System, alle Forderungen zu erfüllen. Dieser dauernde Mangel ist das erste Problem.

Das zweite Problem ist die «Lösung» der Banken für das erste Problem. Damit immer genug frisches Geld zur Begleichung der Forderungen und für Umschuldungen vorhanden ist, verleihen sie ständig neue Kredite. Das führt nicht nur zu Überschuldung, sondern auch zu einem Wachstumszwang. Unser Geldsystem kann nur überleben, wenn es wächst und immer weitere Bereich des Lebens und der Natur monetarisiert und ausbeutet – zuerst mit Versprechen, dann mit Tücke und schliesslich mit Gewalt. Wir nähern uns also unerbittlich – und beschleunigt! – einem ziemlich umfassenden Desaster. Die Zitrone wird ausgepresst, bis Blut kommt.

Das dritte unlösbare und ständig wachsende Problem ist die Umverteilung von arm zu reich. Denn das neue Geld erhalten die, die schon welches haben. Sie können sich mit dem Kreditgeld die Welt zusammenkaufen und nutzbar machen. Alle drei Prozesse unterliegen einer exponentiellen Dynamik – zuerst unmerklich langsam, am Ende unkontrollierbar schnell – und führen in einer endlichen Welt mit mathematischer Sicherheit zu einer Situation des Geht-nicht-mehr.

Irgendwann wird sich entweder die Erkenntnis durchsetzen, dass die Schulden unbezahlbar sind und eine Pleitewelle auslösen. Oder die Biosphäre wird unter dem Druck des Wachstumszwangs kollabieren. Oder der steigende Konkurrenzkampf spaltet die Menschheitsfamilie. Oder die Menschen lehnen sich mit Gewalt gegen die Umverteilung auf. Oder alles gleichzeitig.

Aktuell stehen knapp 300 Billionen Dollar expliziten Weltschulden rund 40 Billionen an Geldmitteln gegenüber (M1, Bargeld und sofort verfügbare Bankguthaben). Nicht eingerechnet sind die impliziten Schulden ausserhalb der Bilanzen, die niemand genau kennt sowie die Verpflichtungen aus der Derivatblase mit einem Gesamtvolumen von 600 bis 1000 Billionen, die ebenfalls nicht zu beziffern sind.

Niemand weiss, wie man mit so wenig Geld so hohe Schulden bezahlen soll. Die Güter und Besitztümer im Gesamtwert von 418 Billionen verkaufen, werden jetzt einige sagen. Aber die meisten Vermögenswerte gehören nicht den Schuldnern, die sich durch Verkauf von den Schulden befreien könnten, sondern den Gläubigern. Sie werden mit unserem letzten Hemd nicht zufrieden sein, sondern auch die Leistungen der Zukunft in Anspruch nehmen.

Die 300 Billionen Dollar entsprechen ungefähr dem Dreieinhalbfachen des globalen Bruttoinlandprodukts von 87 Billionen. Wir müssten also dreieinhalb Jahre bei Wasser und (kostenlosem) Brot arbeiten, um sie zu tilgen. Da wir aber in dieser Zeit nichts konsumieren dürften, würde gleichzeitig die Weltwirtschaft zusammenbrechen. Es sind also unbezahlbare Schulden – der unsichtbare Elefant der Geopolitik.

Nun könnte man ein gewisses Mass an Schulden durchaus stehen lassen, gewissermassen in alle Ewigkeit. Aber zwei entscheidende Gründe sprechen dagegen: Erstens begründen Schulden ein Macht- und Abhängigkeitsverhältnis und zweitens sind sie mit Abgaben verbunden, den Zinsen. Wer verschuldet ist, muss bezahlen und sich dem Willen der Gläubiger unterwerfen. Dies gilt für Individuen wie für Staaten, die *public private partnerships* (PPP) eingehen oder «Strukturanpassungen» durchführen müssen: Leistungen für die Bürger wegsparen,

Zur Tilgung der Weltschulden müssten wir dreieinhalb Jahre bei Wasser und Brot arbeiten. Da wir aber in dieser Zeit nichts konsumieren dürften, würde gleichzeitig die Weltwirtschaft zusammenbrechen.

Ressourcen billig verscherbeln und die Kontrolle fremden Kapitals über ihre wichtigsten Industrien akzeptieren. Damit dienen diese nicht mehr den Menschen, sondern dem Geld.

Die Überschuldung hat, historisch gesehen, immer in die Leibeigenschaft geführt, wenn sie nicht durch einen Erlass aufgelöst wurde. Das Restvermögen wurde eingezogen, die Bewegungsfreiheit wurde eingeschränkt und Pflichtarbeit verfügt. Nach einer gewissen Zeit kann sich ein Mensch in diesem Zustand gar nicht mehr vorstellen, ihn je zu überwinden. Das ist das Wesen der Schuldenfalle: Man will nicht, weil man nicht kann. Das Leben wird so unveränderlich, dass es genauso gut aufhören könnte. Und das tut es durch den Verlust essenzieller Freiheiten in gewisser Hinsicht ja auch.

Davon war manchmal die Mehrheit der Bevölkerung betroffen. Im antiken Griechenland gab es wesentlich mehr Sklaven als Freie, die Schätzungen gehen allerdings weit auseinander. Im Mittelalter waren die allermeisten Bauern – also die Bevölkerungsmehrheit – Leibeigene oder Hörige, die etwas freiere Form der Abhängigkeit. Leibeigenschaft war also auch in unserem Kulturkreis ein verbreiteter, allgemein akzeptierter Zustand, der bis in den Beginn der Neuzeit wiederholt zu Bauernkriegen führte.

Das Problem der Überschuldung wurde bereits im Zweistromland, wo das Geld erfunden wurde, erkannt und gelöst – mit einem periodischen Schuldenerlass. Jeder Mensch sollte einmal im Verlauf seines Lebens schuldenfrei sein. Ein Schuldenerlass war damals vergleichsweise leicht durchzuführen, da der Tempel, der die Buchhaltung führte, der grosse Gläubiger war, der seine Forderungen gnädig erlassen konnte.

Individuelle Verschuldung und Verarmung sind heute in der Dritten Welt endemisch, aber auch in den westlichen Ländern eindeutig auf dem Vormarsch. Nach Angaben der Weltbank haben in der EU 10,86

Das ist das Wesen der Schuldenfalle: Man will nicht, weil man nicht kann. Das Leben wird so unveränderlich, dass es genausogut aufhören könnte.

Sozialhilfe ist rückerstattungspflichtig, also eine Schuld, die erst mit der Rückzahlung oder dem Tod verschwindet – eine Art bürokratische Form der Leibeigenschaft.

Prozent der Erwerbstätigen prekäre Arbeitsverhältnisse: ein Lohn unter den Lebenshaltungskosten, unwürdige Unterbringung, kaum soziale Kontakte und wenig Aussicht auf Verbesserung. Das ist zwar nicht Leibeigenschaft; aber die Zwänge sind enorm und die Chancen gering, diesen Zustand je zu überwinden.

Im reichen Deutschland sind 8,7 Prozent der Bevölkerung von Sozialhilfe abhängig. Das sind 7,2 Millionen Menschen, die sich am Rand des Existenzminimums und unter enormen Zwängen durchs Leben manövrieren. Und: Sozialhilfe ist rückerstattungspflichtig, also eine Schuld, die erst mit der Rückzahlung oder dem Tod verschwindet. Allzuweit von einer bürokratischen Form der Leibeigenschaft sind wir also nicht entfernt.

Obwohl individuelle, unbezahlbare Schulden eine enorme Schwierigkeit für diejenigen darstellen, die davon betroffen sind, sind die kollektiven Schulden von Staaten und Firmen das weitaus grössere Problem. Sie wiegen schwerer, sie werden vom Kollektiv getragen, sind also kaum sichtbar, und bringen eine Kultur des Zwangs hervor, den wir nicht wahrnehmen, weil alle davon betroffen sind.

Während sich Individuen mit dem Tod von den Schulden befreien können, ist dies bei Firmen oder Staaten, nicht bzw. nur durch Bankrott möglich. Das heisst: Diese Schulden werden weitergegeben und müssen von denen bezahlt werden, die gar nie vom ursprünglichen Kredit profitierten. 2014 legte die britische Regierung einen Plan vor, um eine Anleihe von 1927 zu tilgen. In dieser Anleihe versteckten sich nicht nur Schulden aus dem Ersten Weltkrieg gegenüber den verbündeten USA, sondern pikanterweise auch Kredite, die 1833 bei der Abschaffung der Sklaverei zur Entschädigung der Sklavenhalter aufgenommen werden mussten. Bis zum heutigen Tag werden also Kredite zur Finanzierung unrechtmässiger Besitznahmen aufgenommen. Die historisch mit Abstand bedeutendste Vermögensklasse, den Grundbesitz, haben wir dabei noch gar nicht in die Rechnung genommen. Jeder Grund-

Jeder Grundbesitz hat mit Usurpation begonnen, mit jemandem, der einen Zaun gezogen und behauptet hat: Dieses Land gehört mir.

besitz hat mit Usurpation begonnen, mit jemandem, der einen Zaun gezogen und behauptet hat: Dieses Land gehört mir. Grossgrundbesitz macht aus dieser Usurpation ein Instrument ständiger Ausbeutung.

Denken Sie bitte nicht, dass Grundbesitz nicht auch in Zukunft eine entscheidende Rolle bei der Umverteilung spielen wird. «Grosse transnationale Konzerne geben den Ton an», schreibt der ehemalige UNO-Sonderberichterstatter für Nahrung, Olivier De Schutter, in einer Studie mit dem Titel «Wer hat die Macht – Machtkonzentration und unlautere Handelspraktiken in landwirtschaftlichen Wertschöpfungsketten» von 2014. Grosse Kapitalgesellschaften und China kaufen in der Dritten Welt und in Osteuropa Ländereien nicht auf, um den Hebel der Wohltätigkeit zu vergrössern, sondern um Profite zu erzielen, die den Wenigen zugute kommen. William Gates III. hat sich nicht umsonst zum grössten Bauer der USA emporgekauft. Er weiss, wo letztlich die grösste Macht über die Massen liegt: in den Lebensmitteln.

Das sind Investitionen, die weit in die Zukunft reichen, die unseren Nachkommen mittelalterliche Schuld- und Tributverhältnisse aufzwingen. Die Rückzahlungsfristen liegen so weit in der Zukunft, dass von Tilgung keine Rede mehr sein kann, sondern von der Errichtung dauerhafter Abhängigkeiten.

2019 legte Österreich – sehr erfolgreich – eine Anleihe auf, die in 100 Jahren fällig wird. Der Preis der Anleihe werde zusammenbrechen, sobald die Zinsen steigen, schrieb der Economist. «Aber die meisten Käufer werden nicht lange genug leben, um es zu bereuen.» Der Moment der Reue könnte allerdings deutlich früher eintreten.

Bill Gates hat sich nicht umsonst zum grössten Bauer der USA emporgekauft. Er weiss, wo die grösste Macht über die Massen liegt: in den Lebensmitteln.

Der entscheidende Faktor für das Überleben des Geldsystems ist das Vertrauen in eine bessere Zukunft. Ohne verlässliche Aussichten auf Profitabilität werden Kredite weder aufgenommen noch gesprochen und die überlebenswichtige Zufuhr von frischem Geld kommt ins Stocken. Dabei spielt es eine essenzielle Rolle, *wer* Vertrauen in die Zukunft hat. Die Zuversicht der Banken, der grossen Kapitalgesellschaft en und der Superreichen hat deutlich mehr Gewicht als die längst entschwundene Hoffnung der Armen, die ohnehin nicht kreditwürdig sind. Wenn das Kapital in einem Krieg Gewinnchancen erkennt, werden die entsprechenden Mittel fliessen. Das erklärt auch die Gewinne, die in Krisenzeiten mit Rüstungsgütern oder Sicherheitsdiensten realisiert werden.

Die grossen Player mit ihrer Fähigkeit zur langfristigen Planung legen ihre Hoffnungen in den Great Reset. Sie haben erkannt, dass eine Fortsetzung der Macht- und Besitzverhältnisse nur mit neuen Regeln möglich ist – gewissermassen eine Revolution von oben.

Wenn Blut auf den Strassen fliesst, sind die Gewinne am grössten

Weil Putin in die Ukraine einmarschiert ist, gehen die Preise hoch und es drohen Hungersnöte. Dieses von den Medien verbreitete Narrativ wirkt realistisch und wird daher gerne geglaubt. Aber es ist mehrfacher Hinsicht falsch. Russland ist 130 Mio. Tonnen zwar ein wichtiger Weizenproduzent, liegt aber weit hinter China (615 Mio. T.), den USA (434 Mio. T.) und Indien (335 Mio. T.) zurück.

Zudem wird Weizen im Durchschnitt ein Jahr lang gespeichert wird. Der Krieg beeinflusst also zur Zeit die reale Versorgung nicht. Entscheidend für den Mangel ist die Preisbildung, die von drei Faktoren bestimmt wird: der Erwartung des künftigen Verhältnisses von Angebot und Nachfrage, der vorhandenen Geldmenge und den alternativen Anlagemöglichkeiten. Die Preisentwicklung des Weizens zeigt eine absolute Spitze 2008, als die Anleger fluchtartig den Aktienmarkt verliessen und sicherere Anlagen suchten. Die Spitzen von 2010 und 2012 gingen auf die Erhöhung der Geldmenge in Folge der «Finanzkrise» zurück.

Natürlich kann man die Lösung von Krisen nicht den «Märkten» überlassen, die, wie eine Börsenweisheit sagt, die grössten Gewinne machen, wenn Blut auf den Strassen fliesst. Aber anstatt die Endverbraucher mit Lebensmittelmarken zu entlasten und dadurch tiefer in staatliche Abhängigkeit zu treiben, müssten die Preise reguliert und die Märkte entmachtet werden. Sonst wird die spekulativ befeuerte Hungerkrise zu einem Instrument des Great Reset. *CP*

Der globale Wirtschaftskrieg gefährdet das System als Ganzes. Man muss den «Gegner» nicht mehr besiegen; er tut das momentan gleich selber.

Wir, die Menschen an der Basis, sind zu abgelenkt und zu beschäftigt mit Alltagssorgen, um das grosse Spiel zu erkennen. Wir werden, so ist zu befürchten, erst klug werden, wenn der Schaden schon da ist. Dabei ist das *window of opportunity*, das Klaus Schwab & Co. für ihren Great Reset nutzen wollen, auch für uns geöffnet. Was wir brauchen ist ein «Greater Reset», der das Problem des Geldsystems und der Verschuldung wirklich löst und zu einem echten Neustart führt. Die Chancen dafür sind durchaus vorhanden.

Mit dem Beben in der Ukraine ist es eine Frage der Zeit, bis die monetären Schockwellen die Mehrheit erreichen und sich ihr Vertrauen in eine bessere Zukunft auflöst. Während dem die Weltverbesserer (im guten Sinn) in den letzten Jahrzehnten gegen eine starke und gut organisierte Phalanx des Kapitals ankämpfen mussten, befindet sich dieses in einer Phase der Selbstzerstörung – der globale Wirtschaftskrieg gefährdet das System als Ganzes. Man muss den «Gegner» nicht mehr besiegen; er tut das momentan gleich selber.

Seine Waffen sind nicht nur stumpf geworden, und sie richten sich gegen ihn selber. Die Finanzmacht hat sich bis zur unkontrollierbaren Inflation aufgebläht. Die Medienmacht kann den Verlust an Glaubwürdigkeit nur noch mit Zensur bremsen, aber nicht stoppen. Die Militärmacht kann ihre Niederlage nur noch mit menschlichen Schutzschilden aufhalten. Die Diplomatie hat sich mit der Allianz von Russland, China, dem Iran und möglicherweise Indien einen unbesiegbaren Gegner geschaffen. Die Sanktionen tragen nichts zum Frieden bei und sind im Grund bereits Strafaktionen, die in ihrer Schärfe auf den Westen zurückfallen. Die Ukraine-Politik des Westens ist derart desaströs, dass man fast vermuten muss, sie wäre zu diesem Zweck geschmiedet worden.

Die Herausforderung ist allerdings enorm: Der fundamentale Wandel wäre zwar leicht in Gang zu setzen – drei Männer genügten. Aber die zersplitterte Menschengemeinschaft wird sich in den nächsten Monaten und Jahren mit ihrem unmittelbaren Überleben beschäftigen müssen und kaum Zeit für den Aufbau einer besseren Zukunft haben. Dazu müssten wir uns aus dem Krisenmodus befreien, der uns ständig zur Lösung unbekannter Probleme zwingt. Wie schwierig die Vorbereitung auf die übernächste Krise ist, haben die vergangenen zwei Jahre gezeigt: Anstatt stabiles politisches Kapital aus der Krise zu schlagen, haben wir uns mit den immer neuen Zumutungen der Regierungen beschäftigt – wenn auch aus plausiblen Gründen. So stehen wir jetzt, zu Beginn der nächsten Krisenstufe, schon wieder am Anfang. Die Freundinnen und Freunde des Friedens, der Freiheit und der Gerechtigkeit müssen sich neu finden. Und zwar schnell.

Wie ist die Renaissance zu schaffen? Es geht, das sollte unbestritten sein, um das illusionäre Geld als Machtinstrument, im tieferen Sinn, um Materialismus, den ewigen Konflikt zwischen Geist und Materie. Unsere Welt funktioniert nach der Logik, dass Macht und Besitz glücklich machen, obwohl wir als geistige Wesen wissen, dass dies höchstens in beschränkten Phasen zutrifft. Die monetäre Zivilisation muss sich für ihre Fortsetzung jetzt ultimativ des Geistes und des freien Willens bemächtigen, die sie bereits tüchtig aufgeweicht hat.

Die Lösung für diesen Konflikt zwischen Geist und Materie muss also aus dem Geist kommen. Und er muss das Problem des Geldes lösen und einen freien und gerechten Austausch zwischen den Menschen ermöglichen. Sonst bleiben wir als Menschheit im Materialismus, d.h. in einer Abwärtsspirale, gefangen.

Das Problem des Geldes lösen heisst: erstens sich von den Fesseln der Vergangenheit – Schulden – befreien und zweitens die Bedingungen für einen gerechten Austausch der menschlichen Erzeugnisse und Fähigkeiten herstellen, ohne Wachstumszwang und Umverteilung. Konkret: ein zinsfreies Tauschmittel im Auftrag und zum Nutzen des Kollektivs. **Der Lohn der Gerechtigkeit ist enorm.** 25 bis 32 Prozent des globalen BIP verschieben sich gemäss Berechnungen des französischen Öko-

Zu Beginn der nächsten Krisenstufe stehen wir schon wieder am Anfang. Die Freundinnen und Freunde des Friedens, der Freiheit und der Gerechtigkeit müssen sich neu finden. Und zwar schnell.

nomen Thomas Piketty von den Arbeitenden zu den Besitzenden in Form von Zinsen, Gewinnen und Monopolrenten. Diese leistungslosen Einkommen fallen mit einem gerechten Geld weg. Ein weiteres Drittel entfällt auf den Unsinn und die Vergeudung, zu den uns das alte Geldsystem zwingt: Kriege, Krankheit, Umweltzerstörung, kurzlebige Produkte und dergleichen mehr. Wir können also mit einem Drittel des Aufwands in etwa denselben Lebensstandard geniessen. Die zwei bis drei Stunden täglicher «Arbeit», die noch nötig sein werden, verwandeln sich unter diesen Umständen in eine Art Vergnügen.

Unsere Schwierigkeit mit diesem epochalen Potenzial ist die, dass es zu gross für unser Bewusstsein ist. Was man nicht wahrnimmt, kann auch nicht wahr werden. Vielleicht sollten wir wieder lernen, nach innen – und nach oben – zu schauen.

Das Fernziel ist also die Entschuldung und der Aufbau eines gerechten Tauschsystems, ein Neustart ohne die Lasten der Vergangenheit. Da wir über das Geld aber erpressbar sind, muss das unmittelbare Ziel sein, sich vom jetzt bestehenden Geld unabhängig zu machen. Der Vorteil: Was uns vor der zerstörerischen Wirkung des Alten schützt, ist gleichzeitig der Samen des Neuen.

Aber machen wir uns nichts vor: Das ist eine enorme Aufgabe, denn es betrifft alle westlichen Währungen und die ihnen angeschlossenen Banken. Da es unklug wäre, auf eine Alternative aus China und Russland zu warten und sich in eine neue Abhängigkeit zu begeben, braucht es zuverlässige alternative Tauschsysteme. Und die sind, abgesehen von Bartersystemen für Firmen, extreme Mangelware. Praktikabel ist – von kleinstformatigen Feld-, Wald- und Wiesensystemen abgesehen – eigentlich nur die WIR-Bank mit ihrem WIR-Geld. Sie wurde in der Krise der 1930er Jahre gegründet, hat aber einigen Modernisierungsbedarf.

Im Grunde müsste man schnellstmöglich ein Tauschsystem mit eigener Verrechnungseinheit aufbauen, das so zuverlässig ist wie eine Bank. (Ich weiss: «man müsste» klingt nicht sonderlich zuversichtlich).

Unabhängigkeit vom Geldsystem wird natürlich auch durch den Lebensstil beeinflusst. Im kleinen Häuschen mit Solardach und Gemüsegarten oder in der Öko-Gemeinschaft lebt es sich bestimmt sicherer als in der schönsten Grossstadtwohnung.

Schliesslich ist Unabhängigkeit vom Geld auch eine Frage des Bewusstseins. Geld – von dem es bekanntlich nie genug gibt – programmiert uns auf Mangel und damit auf Abhängigkeit. Aus diesem Mangelsystem kann man sich befreien, indem man Geld verschenkt.

Jedesmal, wenn man Geld verschenkt, kippt man den mentalen Schalter von «zu wenig» auf «mehr als genug». So geht Geldbefreiung.

Jedesmal, wenn man Geld verschenkt, kippt man den mentalen Schalter von «zu wenig» auf «mehr als genug». Fünf Franken oder Euro pro Tag und Sie sind spätestens in drei Monaten von der Geldkrankheit genesen. So viel zum ersten notwendigen Schritt auf dem Weg zur Renaissance, der Reduktion der Erpressbarkeit.

Und jetzt zum bitteren Ende dieses Textes, der eigentlich Mut und Zuversicht verbreiten wollte: Ein globaler Schuldenerlass ist ein gordischer Knoten, der sich unter keinen Umständen aufdröseln lässt. Man denke nur an die Derivate, unterlegt mit finanzjuristischen Verträgen von hundert Seiten auf der Basis komplizierter Algorithmen. Kein Gericht dieser Welt kann mit Sicherheit sagen, wem was im Finanzcasino gehört.

Mit den politischen und rechtlichen Instrumenten, die uns jetzt zur Verfügung stehen, ist die Wende nicht zu schaffen. Es braucht nichts weniger als eine Revolution, das heisst neues Recht und neue Besitzverhältnisse. Fragen Sie mich nicht, wie das gehen soll. Ich bin kein Revolutionär. Ich möchte nur, dass wir alle welche werden und die Umwälzung von unten, da wo wir handlungsfähig sind, in Gang bringen.

Jede Veränderung beginnt mit ersten kleinen Schritten. Wenn wir die nicht wagen, werden wir unser Ziel sowieso nicht erreichen. Der lange Weg erfordert drei Fertigkeiten: Das Ziel nicht aus den Augen verlieren, jeden Schritt so gestalten, dass er mit einem persönlichen Gewinn an Erfahrung, mit einer Freude verbunden ist – und Geduld.

Bis jetzt hat sich die Menschheit immer auf die grossen geistigen Führerinnen und Führer verlassen, mit durchschnittlichem, um nicht zu sagen ungenügendem Erfolg. Ein Jünger, ein Follower von irgendwas zu werden, kann nicht die Lösung sein. Wir werden uns selber führen müssen, aus unserem Inneren heraus.

Wenn exponentielles Wachstum in der Wirtschaft Realität ist, dann sollte hyperexponentielle geistige Entwicklung doch möglich sein. ●

Die USA brauchen eine russische Invasion der Ukraine

Das Geschäft mit amerikanischem Fracking-Gas funktioniert nur, wenn das billige russische Gas in Russland bleibt und durch teures amerikanisches Schiefergas ersetzt wird.

Von Phil Butler

Im Oktober 2015 fand in London ein interessantes Treffen nach der sogenannten Chatham-House-Regel statt, bei der die Identität derjenigen, die Aussagen oder «Fakten» präsentieren, verborgen bleibt. Das Treffen fand unter der Schirmherrschaft des «Center on Global Energy Policy» der Columbia University statt und trug den Titel «The Role of US Shale in European Energy Security and Trade».

Am Runden Tisch sassen führende Experten aus Wissenschaft, Regierung, Industrie, Nichtregierungsorganisationen und aus Forschungseinrichtungen. Interessanterweise werden in dem Bericht des Treffens der Arabische Frühling und die Russland-Ukraine-Krise als die wichtigsten «Herausforderungen» für die Energiesicherheit in Europa bezeichnet. Der Bericht ist langatmig, aber es ist klar, dass Russland das Zielthema ist.

In der Diskussion und dem anschliessenden Bericht werden geopolitische Ereignisse, Energieströme und Gewinne als voneinander unabhängige Variablen behandelt. Das ist seltsam, auch wenn die Diskussion immer wieder auf die Abhängigkeit Europas von russischer Energie, die Ukraine-Krise und die Frage zurückkommt, wie amerikanisches Schiefergas das durch diese «ungewöhnlichen» Ereignisse in den internationalen Beziehungen entstandene Vakuum füllen kann. Die Rhetorik dieser «Experten» täuscht allerdings wie immer über die eigentliche Wahrheit hinweg. Hier ist eine Passage aus dem Bericht:

«Die Streitigkeiten zwischen Russland und der Ukraine, die 2006 und 2009 zu einer Unterbrechung der Erdgaslieferungen nach Europa führten, haben die Anfälligkeit der europäischen Energiesicherheit deutlich gemacht, die durch die starke Energieabhängigkeit des Kontinents von Moskau entsteht. Diese Abhängigkeit erschwerte nicht nur die Fähigkeit der Europäischen Union, auf Ereignisse wie das jüngste russische Abenteurertum in der Ukraine zu reagieren, sondern macht Europa auch stark abhängig vom staatlichen russischen Gasunternehmen Gazprom und dessen Preispolitik.»

Ich bin traurig, dass es politisch unbequem ist, anzuerkennen, was jeder weiss: Beim Irakkrieg geht es hauptsächlich um Öl.
Alan Greenspan

(Nicht um Massenvernichtungswaffen)

Die Energieexperten und Interessenvertreter, die in London zusammenkamen, waren offenbar mehr auf die Gewinne von Gazprom als auf das Wohlergehen der Europäer und ihre Energiesicherheit fokussiert. Wer den gesamten Bericht liest, wird verstehen, was während des Arabischen Frühlings, in der Ukraine, Jahre zuvor im Kaukasus und sogar bei den jüngsten Ereignissen in Kasachstan geschah.

Die Vereinigten Staaten sind daran, dem Rest der Welt den Wirtschaftskrieg zu erklären. Russland ist angesichts seiner historischen und ressourcenmässigen Position das Hauptziel. Iran, Venezuela, Libyen und andere erdöl- und erdgasreiche Länder sind sekundäre Ziele.

In den Sitzungsprotokollen aus London versteckt sich auch die aktuelle Strategie der Biden-Regierung. Zwischen den Zeilen dieser Diskussion ist der wahre Kern des Problems und die Schwäche der USA zu finden. Diese Passage ist aufschlussreich:

«Russland verfügt über erhebliche ungenutzte Produktionskapazitäten in der alten westsibirischen Förderregion, in der praktisch alle Kosten gesunken sind. Daher kann Russland das Produktionsniveau ohne neue Investitionen problemlos erhöhen, sollte es beschliessen, amerikanisches Flüssiggas über den Preis vom europäischen Markt zu verdrängen».

Jetzt sehen wir den Grund für die Panikmache vor einer russischen Invasion in der Ukraine. Die Strategen haben unwissentlich den wahren Grund gezeigt, warum Washington so vehement einen Krieg anzetteln will.

Gehen wir vorwärts zu North Stream 2 und Wladimir Putins endgültigem Sieg über die grossen Energiekonzerne des Westens. Russland wäre damit in der Lage, jeden Preis für Gas- und Öllieferungen nach Europa zu unterbieten. Aus diesem Grund spricht die Regierung Biden von «lähmenden Sanktionen», sollten die Russen den Köder schlucken und die Ukraine ganz oder teilweise übernehmen. Tatsächlich wird die NATO von den

Russland wäre mit Nord Stream 2 in der Lage, jeden Preis für Gaslieferungen nach Europa zu unterbieten. Aus diesem Grund spricht die Regierung Biden von «lähmenden Sanktionen».

westlichen Energie-Oligarchen als Werkzeug benutzt. Das ist die traurige, bittere, nackte Wahrheit.

Schliesslich kann der von Amerika erklärte Energiekrieg nur gewonnen werden, wenn die Russen aus dem europäischen Öl- und Gasmarkt «hinaus sanktioniert» werden. Unsere genialen Freunde von Big Energy haben dies auf dem Londoner Treffen ebenfalls enthüllt.

Die europäischen Energieverträge mit Russland sind nämlich bis zum Jahr 2025 bindend, wenn viele der Gazprom-Verträge auslaufen. Europa ist vertraglich verpflichtet, den grössten Teil seiner importierten Energie ohnehin von den Russen zu beziehen.

Die einzige Möglichkeit für die energiepolitischen Interessen der USA, Russland als Konkurrenten auszuschalten, ist also ein Krieg. Die einzige Chance auf einen Gewinn der amerikanischen Schieferoligarchen, ist eine «Invasion» Europas durch Russland. Dies ist der Hintergrund. Das ist das Dilemma, sowohl für Russland als auch für den Westen.

Im Bericht geht es ferner um Rohöl, und auch hier liegt der Schwerpunkt auf den russischen Lieferungen, vor allem an Polen, die Binnenländer Slowakei, Ungarn und die Tschechische Republik, die das Druschba-Pipelinesystem nutzen.

Die Leute, die an diesem Runden Tisch in London sassen, ahnten wahrscheinlich nicht, dass jemand ihre Ergebnisse analysieren würde, um sie als Handlanger eines möglichen Dritten Weltkriegs hinzustellen. Aber

Terrorismus ist der Krieg der Armen und der Krieg ist der Terrorismus der Reichen.
Peter Ustinov

«Ich bin zuversichtlich. Ich glaube, dass sich der Frieden noch verhindern lässt.»

vielleicht wussten sie es ja, da sie sich auf die Chatham House Rule beriefen. Wie dem auch sei, Russland lieferte damals fast ein Drittel des europäischen Rohölbedarfs.

Letztendlich geht es bei der gesamten geopolitischen Krise zwischen West und Ost um Preise und Gewinne. Die unkonventionelle US-amerikanische Öl- und Gasproduktion kann nicht nur wegen der grossen Entfernungen nicht mit den russischen oder sogar den OPEC-Kapazitäten mithalten.

Energie aus Schiefergestein ist teuer, und ein Grund dafür, dass die Regierung Biden Russland vor sich hintreibt, sind die verheerenden Einkommensverluste, welche die tiefen Preise den Energieoligarchen im Westen beschert haben. [Durch den Krieg haben sie sich inzwischen beträchtlich erhöht, Red.]

Die NATO wird von den westlichen Energie-Oligarchen als Werkzeug benutzt. Das ist die traurige, bittere, nackte Wahrheit.

Und täuschen Sie sich nicht: Der derzeitige Krieg gegen Russland ist nicht etwas, das sich amerikanische Denker erst 2015 bei einem halb geheimen Treffen ausgedacht haben. Ein Bericht des Brookings-Instituts vom März 2002 offenbart mehr von dem Neid und den Sorgen, die Washington seit Jahrzehnten hegt: «Russia: The 21st Century's Energy Superpower?» Der Titel sagt eigentlich schon alles. Ich möchte Ihnen den Kern der Einschätzung dieser Denkfabrik von vor 20 Jahren nicht vorenthalten.

«Russlands Gasreserven übertreffen bei weitem die eines jeden anderen Landes. In der Tat ist Russland für Erdgas, was Saudi-Arabien für Öl ist. Mit 32 Prozent der nachgewiesenen Weltreserven liegt Russland weit vor dem Iran (15 Prozent), Katar (7 Prozent), Saudi-Arabien und den Vereinigten Arabischen Emiraten (4 Prozent) sowie den Vereinigten Staaten und Algerien (3 Prozent). Gazprom, der russische Gasriese, besitzt ein Viertel aller weltweiten Gasreserven, kontrolliert 90 Prozent der russischen Produktion und ist Russlands grösster Devisenbringer».

Phil Butler ist Politikwissenschaftler und Osteuropaexperte, Autor des Bestsellers «Putins Pretorians» und anderer Bücher.
Der Artikel wurde mit freundlicher Genehmigung vom Online-Magazin «New Eastern Outlook» übernommen, wo er am 31. Januar 2022 unter dem Titel «Can the World Handle the Truth about the West-East Crisis?» **journal-neo.org**

Center on Global Energy Policy: **The Role of US Shale in European Energy Security and Trade.** 2015. energypolicy.columbia.edu

Brookings Institute: **Russia: The 21st Century's Energy Superpower?** 2002. brookings.edu

Ukraine: Ein einziger Artikel des Völkerrechts könnte Frieden bringen.

Das Gewaltverbot der UNO betrifft sowohl die Anwendung als auch die Androhung von Gewalt. Würde Artikel 2 der UNO-Charta respektiert, könnten Russland, die USA und ihre Vasallen den Konflikt in Verhandlungen beenden.

Von Christoph Pfluger

Schneller als bei irgendeiner Frage der letzten Jahrzehnte hat sich die ganze Welt am 24. Februar in zwei Lager gespalten. Sie wünschen sich gegenseitig die Niederlage und tun alles dafür, dass sie eintritt. Neutralität scheint unmöglich. Die Welt wird dadurch weder sicherer noch friedlicher. Wer immer gewinnt in dieser Auseinandersetzung: Ein Sieg wird eine Niederlage für alle.

Welche Prinzipien des Völkerrechts weisen den Weg aus dieser Krise? Artikel 2, Abs. 4 der Charta der Vereinten Nationalen bestimmt:

> *«Alle Mitglieder unterlassen in ihren internationalen Beziehungen jede gegen die territoriale Unversehrtheit oder die politische Unabhängigkeit eines Staates gerichtete oder sonst mit den Zielen der Vereinten Nationen unvereinbare Androhung oder Anwendung von Gewalt.»*

Foto: Sunguk Kim / unsplash.com

Verboten ist also nicht nur die Anwendung von Gewalt, wie sie Russland jetzt praktiziert, sondern auch die Androhung. Man kann die beiden Aspekte nicht trennen, nicht nur, weil sie ein in einem einzigen völkerrechtlichen Grundsatz formuliert werden, sondern weil sie in praktischer Verbindung miteinander stehen. Wem fortdauernd Gewalt angedroht wird, der wird früher oder später mit der Anwendung von Gewalt antworten.

Ein Rüpel, der seine Mitschüler auf dem Schulhof unter Androhung von Gewalt terrorisiert und sich damit Vorrechte sichert, wird früher oder später echte Gewalt ernten – nämlich dann, wenn die Schüler oder die Schulbehörden erkennen, dass Frieden erst einkehrt, wenn der Unterdrücker unmissverständlich in die Schranken, bzw. von der Schule gewiesen wird oder sonstwie eine Lektion in einer Sprache erfährt, die er versteht.

Androhung und Anwendung von Gewalt müssen auch deshalb als Einheit verstanden werden, weil sie dasselbe Ziel verfolgen: Die Unterwerfung des Gegners unter den eigenen Willen. Nicht umsonst sagte der berühmte Stratege von Clausewitz, der Krieg sei bloss die Fortsetzung der Politik mit anderen Mitteln.

Einen Krieg beginnen, heisst nichts weiter, als einen Knoten zerhauen, statt ihn aufzulösen.
Christian Morgenstern

Es ist das wohl grösste Defizit der internationalen politischen Kultur, dass die Androhung von Gewalt, obwohl verboten durch die Charta der Vereinten Nationen, zu einem derart alltäglichen geopolitischen Instrument

geworden ist, dass wir ihre Illegitimität gar nicht mehr erkennen, geschweige denn ahnden. Der Schulhof der Menschheitsgemeinde wird von Rüpeln beherrscht, die ungehindert Baseball-Schläger und Schlagringe mit sich führen. Und alle finden es normal.

Die Gewöhnung an die Gewaltandrohung ist trügerisch: Wir denken, es würde bei der Drohung bleiben. Aber: Entweder wird die Drohung früher oder später wahr gemacht oder das bedrohte Land antwortet selbst mit Gewalt – wenn es seine völkerrechtlich garantierte Selbstbestimmung nicht aufgibt. Die Androhung setzt also eine unheilvolle Spirale in Gang, die zwingend das Überschreiten einer roten Linie zur Folge hat.

Diese Linie wurde nun im Ukraine-Konflikt in mehrfacher Hinsicht überschritten. Einerseits wird im Donbass seit acht Jahren ein Krieg geführt, der trotz der Waffenstillstandsverpflichtung aus dem Minsker Abkommen nach UNO-Angaben zu mehr als 13'000 Todesopfern geführt hat.

Andrerseits ist Russland offenbar zur Erkenntnis gelangt, dass die Auseinandersetzung mit der NATO angesichts der Entwicklung in der Ukraine früher oder später zu grösserer Gewaltanwendung führen wird. Es sieht seine Selbstbestimmung durch die wiederholten Wellen von NATO-Osterweiterungen und durch die Militarisierung der Ukraine akut bedroht.

Aus dieser Gewaltspirale können wir uns nur befreien, wenn wir zu den Prinzipien des Völkerrechts zurückkehren und sowohl die Anwendung als auch die

Wem fortdauernd Gewalt angedroht wird, der wird früher oder später mit der Anwendung von Gewalt antworten.

Androhung von Gewalt beenden. Denn sie verfolgen beide dasselbe Ziel – die Unterwerfung des Gegners – und sie führen zwangsweise zu realer Gewalt.

Was ist denn die Geschichte des europäischen Schulhofs? Da treibt jahrzehntelang ein kolossaler Rüpel mit schwerer Jugend sein Unwesen – die Sowjetunion – und bricht 1991 unter dem Gewicht seiner Untaten zusammen. In der Ära das Trunkenboldes Jelzin bemächtigen sich andere Schüler unter Mithilfe der USA und einiger Oligarchen seiner begehrten Ressourcen und nehmen in einer ersten Erweiterung Polen, Tschechien und Ungarn in ihr Militärbündnis auf.

Als Wladimir Putin 1999 Ministerpräsident und 2000 Präsident des ehemaligen Rüpel-Staates wird, ist die Früherziehung Russlands und seine geopolitische Positionierung bereits gelaufen. Der republikanischen Senator und Präsidentschaftskandidat John McCain wird die Haltung des Westens ein paar Jahre später auf den Punkt bringen: «Russland ist eine gigantische Tankstelle, die sich als echtes Land ausgibt.»

Damit die USA dort gegen den Widerstand Russlands möglichst billig tanken können, haben die USA einiges unternommen: Sie sicherten 1996 die Wiederwahl Jelzins, der den westlichen Zugriff auf Russlands Ressourcen widerstandslos zuliess. Und sie erweiterten ihr Militärbündnis 2004, 2009, 2017 und 2020 in vier weiteren Wellen auf nunmehr 30 Mitglieder, die Russland zunehmend einkreisen. 2001 kündigte George W. Bush den ABM-Abrüstungsvertrag, Trump beerdigte 2019 die INF-Abrüstungsvereinbarung, beides un-

Der Krieg kündigt sich durch Schimpfworte an.
Sprichwort

Androhung und Anwendung von Gewalt verfolgen dasselbe Ziel: Die Unterwerfung des Gegners unter den eigenen Willen.

missverständliche Signale, dass die Auseinandersetzung zwischen Russland und den USA aus Sicht der US-Regierung durchaus wieder militärische Dimensionen annehmen dürfte.

Gleichzeitig wurden Hunderte von regierungskritischen Organisationen in Russland und der Ukraine durch das «National Endowment für Democracy» (NED) finanziell unterstützt. Das NED ist ein private, aber mit Steuergeldern finanzierte US-Stiftung. Wer zurzeit auf ihrer Website ihre Zuwendungen abfragen will, wird mit der Meldung bedient, die Datenbank sei wegen «Unterhaltsarbeiten» ausser Betrieb.

Eine gute Übersicht liefert dagegen Swiss Policy Research. Es sind mindestens 73 prowestliche oder russlandfeindliche Organisationen in der Ukraine, die von den USA offiziell unterstützt werden.

Zusammenfassend kann man feststellen, dass die USA Russland in den letzten 20 Jahren nicht nur militärisch erheblich unter Druck gesetzt hat, sondern auch aussenpolitisch – über die EU und ihren Zusammenarbeitsvertrag mit der Ukraine – und innenpolitisch durch die Finanzierung einer ganzen Reihe von regierungskritischen Gruppierungen. Letzteres ist zwar nicht als Androhung von Gewalt verboten, aber als Einmischung in die inneren Angelegenheiten zumindest hochproblematisch. Kein Staat liebt es, wenn seine inneren Gegner von aussen finanziert werden.

Der Widerstand Russlands gegen diese Entwicklung auf diplomatischem Parkett war weitgehend wirkungslos. 2007 machte Wladimir Putin an der Münchner Sicherheitskonferenz klar, dass die NATO-Osterweiterungen das Sicherheitsbedürfnis Russlands direkt tangieren und inakzeptabel seien. Gewissermassen als Antwort begrüsste die NATO an ihrem Gipfel 2008 in Bukarest die Beitrittsbestrebungen der Ukraine, mit der bereits 1997 eine militärische Partnerschaft vereinbart wurde.

Als letzte diplomatische Massnahme präsentierte Wladimir Putin den USA und der NATO im Dezember 2021 eine Reihe von Sicherheitsforderungen, wie sie die USA für sich selber als selbstverständlich betrachten: u.a. Rückzug der NATO auf die Positionen von 1997 und Deinstallation offensiver Waffensysteme in Grenznähe. Würden diese Forderungen nicht erfüllt, wären «technisch-militärische» Konsequenzen unvermeidlich. Die Beobachter rätselten, ob dies nun ein Ultimatum sei oder einfach eine weitere dringende Aufforderung, die russischen Sicherheitsbedürfnisse zu verhandeln.

Eine letzte Gelegenheit verpassten die beiden Supermächte bei einem Videogespräch Mitte Februar. Nach Angaben des Kremls sagte Putin zu Biden, Washington habe es versäumt, die wichtigsten Bedenken Russlands zu berücksichtigen, und er habe keine «substanzielle Antwort» auf kritische Fragen erhalten, darunter die NATO-Erweiterung und die Stationierung von Offensivkräften in der Ukraine. Im Gegenteil: Allein im Januar schafften die USA Waffen für 200 Mio. Dollar in die Ukraine.

Wie kommen wir nun aus der Gewaltspirale? Die Sanktionen – wirtschaftliche Gewalt – scheinen dazu wenig geeignet. Es ist anzunehmen, dass sich dessen

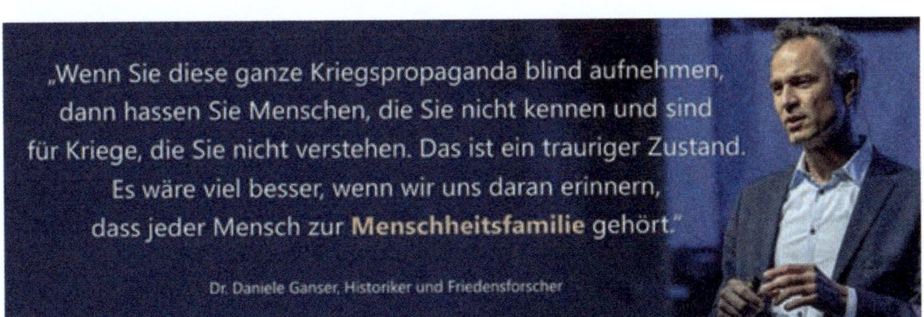

Wie viele Kriege, wird wohl auch die «Operation» in der Ukraine einen lachenden Dritten haben.

auch die westlichen Führer bewusst sind, die sie anordnen. Warum sie es trotzdem tun, wissen wir nicht. Dazu müssten wir ihre längerfristigen strategischen Ziele kennen, zu denen es allerdings wenig gesichertes Wissen gibt.

Sicher ist, dass die Sanktionen auch Europa hart treffen werden, während die USA ihr teures Schiefergas nach Europa liefern können. Zudem führen die Sanktionen zu einem neuen Kalten Krieg, der diesmal nicht nur Europa, sondern die ganze Welt betrifft. Wie viele Kriege, wird wohl auch die «Operation» in der Ukraine einen lachenden Dritten haben.

Vermutlich wird es dem Westen jetzt darum gehen, den Krieg angesichts der Schwäche der ukrainischen Armee ins Volk zu tragen. Ist es ein Akt der Verzweiflung? Oder will man am Rand Europas ein neues Afghanistan schaffen, das die Beziehungen zwischen Ost und West auf Jahrzehnte belastet?

Natürlich werden dieser kurze Text und meine kleine Stimme den Krieg in der Ukraine nicht beenden. Aber es scheint mir wichtig, dass sich die Menschengemeinschaft bewusst ist, dass Regeln bestehen, den Konflikt zu beenden. Anstatt leichtfertig die Neutralität aufs Spiel zu setzen, müsste die Schweiz auf der Einhaltung dieser Regeln bestehen und vermitteln.

Im Frieden werden die Väter von ihren Kindern begraben, im Krieg aber die Kinder von den Vätern.
Krösus

ZE!TPUNKT *apéro*

Einladung zum Zeitpunkt-Apéro – 2. Mai 2022

Neutralität – in der Politik und im Herzen

Mit Daniele Ganser
Mathias Bröckers
Christoph Pflugerund weiteren Gästen

Ort: Grosser Konzertsaal, Unt. Steingrubenstr. 1, 4500 Solothurn
Beginn: 18.15 Uhr
Ende: 21.45 Uhr

Programm:
18.15 Begrüssung und musikalischer Auftakt
18.30 Eintrittsvoten, Vorstellung verschiedener Initiativen
19.15 Pause, Verpflegung und Vernetzung
20.15 Podiumsgespräch mit Daniele Ganser, Mathias Bröckers und Ralph Bosshard
21.45 Ende der Veranstaltung

Eintritt (inkl. einfaches Buffet und Getränke):
CHF 35.– (Vorverkauf)
CHF 40.– (Abendkasse, falls noch Plätze vorhanden)

Weitere Informationen: **zeitpunkt.ch/apero**
Vorverkauf: **ticketino**.com/de/Event/Zeitpunkt-Apero/162788

Die Getränke sind gesponsert von der Weinhandlung am Küferweg **kueferweg.ch**

Dringliche Bundesgesetze obligatorisch vors Volk

Dies verlangt eine Mitte März lancierte Volksinitiative des Westschweizer Juristen und Unternehmers Alexandre Zindel

Foto: pixabay.com

Seit Juni 2020 hat der Bundesrat ohne Not mehrere dringliche Bundesgesetze durchgesetzt und damit den Souverän wirkungsvoll aus dem Spiel genommen. Das Covid-19-Gesetz, im Juni 2020 angekündigt, ersetzte die Notverordnungen zur Bekämpfung der Pandemie, die genausogut hätten verlängert werden können. Die Covid-19-App – obwohl freiwillig! –wurde ebenfalls mit einem dringlichen Bundesgesetz eingeführt.

Die Krux bei dringlichen Bundesgesetzen: Bis die Unterschriftensammlung für ein Referendum erfolgreich durchgeführt ist und es zur Abstimmung kommt, vergeht fast ein Jahr. In dieser Zeit kann die Regierung die neuen Möglichkeiten voll ausnützen und das Stimmvolk hat sich unter dem Druck der Medien an die neue Rechtsordnung gewöhnt.

Referenden gegen dringliche Bundesgesetze sind daher fast nicht zu gewinnen und bedeuten faktisch die Entmachtung der Stimmbürger, formell immer noch die höchste Instanz im Staat. Zudem werden sie fast immer verlängert und verändert, was dem Sinn und Geist der Verfassung widerspricht, die den Souverän an die Spitze des Staates stellt: In der Eidgenossenschaft soll nur Gesetz werden, was die Stimmbürger bewilligen.

Die Eidg. Volksinitiative «Volk und Stände entscheiden über dringlich erklärte Bundesgesetze!» ist eine der einfachsten und klarsten Initiativen, die je lanciert wurden. Ihr Titel sagt schon alles.

Konkret: Über dringliche Bundesgesetze muss spätestens 100 Tage nach ihrer Inkraftsetzung abgestimmt werden. Heissen Volk und Stände das Gesetz nicht gut, wird es wieder aufgehoben.

Das Volksbegehren nennt sich in seiner Kurzform «Giacometti-Initiative», benannt nach dem grossen Staatsrechtler Zaccaria Giacometti (1893 bis 1970). Zaccaria Giacometti entstammte der berühmten Bergeller Künstlerfamilie und war Professor für öffentliches Recht an der Universität Zürich. Er befasste sich schwerpunktmässig mit den Grundrechten und dem Willkürverbot und war einer der wichtigsten Kritiker des Vollmachtenregimes der 1930er Jahre, das erst 1952 aufgehoben wurde.

Mit der Verfassung stehe und falle der Rechtsstaat, sagte er, das Vollmachtenregime sei lediglich eine Maxime der Staatsraison. Zur Lösung des Problems schlug er die Aufnahme eines Notstandsartikels in die Verfassung vor.

Der Initiant Alexandre Zindel, im Engadin aufgewachsen und wohnhaft im der Westschweiz, war während Jahrzehnten im Ausland tätig und ist bis jetzt politisch nicht in Erscheinung getreten.Umso ambitiöser ist sein Ziel: Hunderttausend Unterschriften in hundert Tagen.

Seine Initiative ist das denkbar wirkungsvollste Instrument, den Souverän wieder an die Stelle zu setzen, wo er hingehört: an die Spitze der Eidgenossenschaft. *CP*

Giacometti-Initiative, La Delèze 17A, 1164 Buchillon
IBAN: CH20 0900 0000 1584 3735 5, BIC: POFICHBEXXX
Der Unterschriftenbogen liegt bei. **www.initiative-giacometti.ch**

Wie das Feuer in mir entstand

Als ich mich in die Welt verliebte
Chronik einer Leidenschaft #1

Von Nicolas Lindt

Kann man sich in die Welt verlieben? Unser Autor Nicolas Lindt hat zurückgeblickt auf die späten 60er Jahre, als er die Welt zu entdecken begann. Und er stellt fest: Es war Liebe auf den ersten Blick.

Sein Weg, diese Liebe zu leben, war das Schreiben. Schon mit 14 schrieb er für eine Zeitschrift über die neue Musik aus England, bald darauf publizierte er erste Reportagen in Zeitungen, und sein Tagebuch diente ihm dazu, Alltagsszenen zu schildern und über den Sinn des Lebens zu philosophieren. Daraus wuchs eine politische Weltsicht, die ihn während der 70er-Jahre zum schreibenden Aktivisten machte.

Doch Lindts Reportagen und Texte blieben stets persönlich. Ob er über sein Schreibverbot beim Tages-Anzeiger berichtete, seine Arbeit in einer Notschlafstelle schilderte oder seine geheime Begegnung mit einem IRA-Terroristen in Belfast – in jeder Zeile wird seine Liebe zur Welt und zu den Menschen erkennbar.

Anhand seiner Texte, die ihn wie ein roter Faden begleiten, erzählt Nicolas Lindt die Geschichte seiner Bewusstwerdung. Er tut es mit viel Humor und Verständnis für den jungen Revoluzzer von damals. Seine «Chronik einer Leidenschaft» lässt das bewegte Jahrzehnt nach dem Schlüsseljahr 1968 auf fesselnde und berührende Weise wiederaufleben. «Als ich mich in die Welt verliebte» ist ein Zeitdokument für alle, die damals jung waren – und für alle, die heute jung sind und wissen möchten, wie die Welt vor 50 Jahren erlebt werden konnte. Jetzt lassen wir die Liebesgeschichte beginnen:

Nicolas Lindt, *damals und heute, mehr als 50 Jahre später*

Es war nicht bloss Interesse, nicht einfach nur Wissensdurst. Es war Neugier.

Ich war gierig auf Neues, ich bin es noch immer. Aber das Neue fand ich nicht im Dorf meiner Kindheit. Ich suchte es in der Welt, und die Welt begann in der Stadt. 14 Jahre alt geworden, wechselte ich aus dem behüteten Küsnacht am Zürichsee ins Wirtschaftsgymnasium nach Zürich.

Es war das Jahr 1968. Kaum zwei Monate nach meinem ersten Schultag in Zürich, an einem Samstagabend Ende Juni, berichteten die Radionachrichten von schweren Krawallen beim Hauptbahnhof. Ich hatte von den Studentenunruhen im Mai in Paris gehört, ich wusste, dass die Jugend in den westlichen Grossstädten auf die Strasse ging. Aber in Zürich?

Am Sonntagmorgen schwang ich mich auf mein neu erstandenes Velo-Solex, fuhr in die Stadt und fand ein zertretenes Flugblatt, das ich wie eine Trophäe nach Hause trug. Es war ein Überbleibsel jener Eskalation, die als «Globuskrawall» in die Zürcher Geschichte eingehen sollte. Und auch wenn ich damals noch etliche Jahre zu jung war, um schon dabei zu sein, roch ich bereits den Pulverdampf in der Luft.

Ich wusste, dass die Jugend in den westlichen Grossstädten auf die Strasse ging. Aber in Zürich?

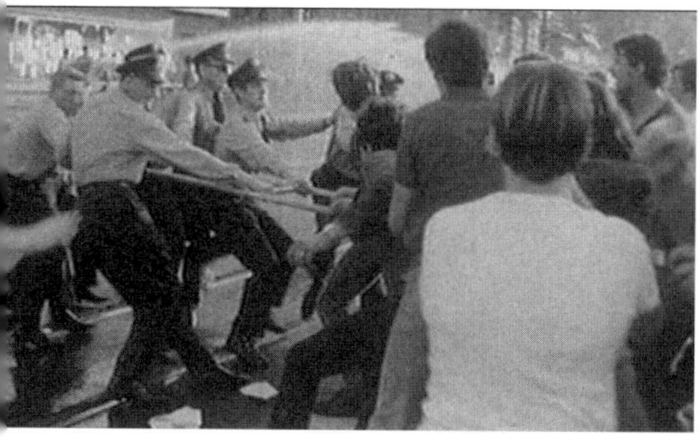

***Das waren noch Zeiten:** die Polizei mit blossen Fäusten und Demonstranten am «Globuskrawall» 1968. (Screenshot SRF)*

Mit dem Eifer des erwachenden jungen Menschen spürte ich, dass in Zürich etwas Grosses geschehen war, und ich stürzte mich von da an auf alle Informationen, die ich bekommen konnte. Mein Blick auf die Welt erweiterte sich. Wenn Radio Beromünster die Nachrichten sendete und meine Eltern über das aktuelle Geschehen redeten, hörte ich zu und fragte und begann schon sehr keck, eine eigene Meinung zu haben. Ich entdeckte das Zeitunglesen – auch wenn es die «Neue Zürcher Zeitung» der Eltern war – und fand es spannend und wunderbar, dass ich nicht mehr im braven Goldküstendorf, sondern in Zürich zur Schule ging.

Während der Schock des Globuskrawalls den Behörden noch immer im Nacken sass, verteilten politisch aktive Schüler aus den höheren Klassen am Schulhauseingang die ersten Flugblätter. Ich las jedes Flugblatt, das ich zu fassen bekam. Was darin stand, hatte mit Rebellion zu tun – und der Wunsch nach Widerspruch und Opposition regte sich auch in mir. Doch mein Weg dahin führte nicht über die Politik. Noch nicht.

Der Schlüssel zur Welt war für mich die Musik. In unserem Wohnzimmer befand sich mitten im Büchergestell neben dem Plattenspieler ein voluminöser Radioapparat. Und mit Radiohören hatte alles begonnen. Die Kinderstunde hatte meine Kindheit begleitet, Hörspiele folgten, Sportreportagen – und dann, mit elf, erschloss sich mir, wieder am Radio, die Welt der Musik. Am Sendeknopf drehend, suchte ich nach der musikalischen Richtung, die meinem Lebensgefühl an der Schwelle zum Jugendlichen entsprach.

Doch Radio Beromünster befriedigte nur die Vorlieben meiner Eltern und ihrer Generation: einerseits Beethoven, Mozart, Vivaldi und Strauss, hauptsächlich aber brave Orchestermusik, Ländler und flotte Märsche, gelegentlich Jazz. Das berührte mich alles nicht, und so drehte ich auf der Senderskala an Beromünster vorbei zu Sendern im Ausland, die wir empfangen konnten.

Die deutschen Stationen, auf die ich stiess, spielten vornehmlich Schlager. Ich hörte Roy Blacks «Ganz in Weiss», Siv Malmqvists «Liebeskummer lohnt sich nicht», Wencke Myhre mit «Beiss nicht gleich in jeden Apfel» – und begriff immerhin schon, dass mit den Äpfeln nicht Äpfel, sondern Mädchen gemeint waren. Es ging um die Liebe, und die Liebe war irgendwie spannend und voller Geheimnis, das spürte ich schon. Doch ich glaubte den süssen Schlagerzeilen kein Wort.

Dann drehte ich weiter auf der Senderskala – und fand «Salut les copains» auf Europe 1 aus Paris: eine tägliche Sendung mit Musik nur für die junge Generation. Der Empfang auf unserem Rundfunkgerät war nicht immer befriedigend, aber ich klebte mit dem Ohr am Lautsprecher, staunte über die ungewohnt frechen Moderatoren, hörte die neuesten französischen Chansons von Sylvie Vartan, Michel Polnareff, Françoise Hardy und Jacques Dutronc – und lernte dabei sogar noch Französisch. Aber auch diese Liedchen trafen nicht den Kern meiner Sehnsucht.

Die erste, aus dem eigenen Taschengeld erstandene Schallplatte war Drafi Deutschers «Marmor, Stein und Eisen bricht», ein unwiederbringlicher Volltreffer, ein Jahrhundertwerk, auch heute noch, Jahrzehnte danach, zugleich aber auch der Beginn einer menschlichen Tragik, die schon vielen Musikern zum Verhängnis wurde. Drafi Deutscher hat es danach nie mehr geschafft, etwas vergleichbar Grosses zu schaffen. Sein Song war grösser als er.

«Beiss nicht gleich in jeden Apfel» – immerhin begriff ich schon, dass mit den Äpfeln nicht Äpfel, sondern Mädchen gemeint waren.

Bis zu seinem Tod musste er an jedem seiner Auftritte – ob er wollte oder nicht – Marmor, Stein und Eisen brechen.

Ich kaufte die Platte 1965 in unserer Migros-Filiale, doch es sollte der einzige Schlager in meiner späteren Schallplattensammlung bleiben. Denn jetzt geschah es. Auf den deutschen Sendern und vor allem auf Europe 1 mischten sich in die Schlager und Chansons immer mehr andere Töne. Härtere Töne. Die neue Musik aus England erreichte den Kontinent. In einem Hörerwettbewerb des deutschen Südwestfunks gewann ich meine zweite eigene Schallplatte: «Long Tall Sally» von den Beatles. Von diesem Moment an interessierten mich Schlager nicht länger. Beat war aufregender. Direkter. Und ehrlicher.

Die Beatles hatten das Feuer in Nicolas Lindt entzündet. Wer es richtig auflodern liess, erzählt er in den weiteren Folgen von «Als ich mich in die Welt verliebte», die jeweils am Sonntag auf zeitpunkt.ch erscheinen. www.nicolaslindt.ch

Bücher von Nicolas Lindt

Die Ungehorsamen
– Erzählung aus dem Lockdown
lindtbooks 2021 – ISBN 978-3-7543-4603-7
Astrid und Chantal wollten heiraten. Doch ein Virus mit dem Namen Corona bringt die Welt zum Stillstand. Jede Versammlung ist untersagt. Doch Astrid und Chantal heiraten trotzdem – an einem geheimen Ort. Eine beinahe wahre Geschichte. Als Hörbuch bei xinxxi.de und bei Spotify

Im Schulzimmer des Lebens
Geschichten
lindtbooks 2020
978-3-7519-7988-7
«Nicolas Lindt überzeugt durch eine schnörkellose Sprache, die zugleich poetisch ist – und etwas vom Duft eines frisch gebackenen Brotes hat.» Der Sonntag

Nur tote Fische schwimmen mit dem Strom
Geschichten & Reportagen aus dem Jahr der Zürcher «Bewegung»
edition 8, 2020
978-3-85990-393-7

Von Schuld und Unschuld
Geschichten & Reportagen aus meiner Zeit als Gerichtskolumnist.
edition fischer, Frankfurt, 2016.
978-3864558672

Der Spieler von Zürich
Ein Bericht
Verlag ZO Medien, 4. Auflage 2019 – ISBN 978-3-85981-243-7

Vollmond über Weissbad
Liebesgeschichten
ZO Medien, 2013 – 978-3-85981-263-5

Die Freiheit der Sternenberger
Reiseberichte & Dorfgeschichten
Verlag ZO Medien, 4. Auflage 2019 – ISBN 978-3-85981-245-1

Der Tag, an dem ich beschloss, mich zu ändern
Der Roman eines Tages
ZO Medien, 2008 – 978-3-85981-235-
Als Hörbuch bei audible.de

Erhältlich im Online-Buchhandel, auf Bestellung in jeder Buchhandlung oder im ZO-Shop: https://zo-shop.ch/search?q=Lindt

im Herzen des Malcantone, Südtessin

casa santo stefano

Das «etwas andere» B&B und Seminarhaus

Eine spezielle Atmosphäre in einem historischen Tessinerhaus. Wunderbar zum Entspannen, für eine Auszeit und Aktivferien – individuell oder in der Gruppe.

Es erwartet Sie ein leckeres Bio-Frühstück, vegetarisches Essen, Yoga und Massagen. Gelegen in noch fast unberührter und wildromantischer Natur mit vielen Wanderwegen, sanften Hügeln, Aussichtsbergen und Wildbächen. Wir bieten Ihnen Einfachheit & Qualität, Engagement & Innovation, Persönlichkeit & Herz.

Specials: Individual Themen Packages! Privatlektionen ab 2 Personen mit Yoga, Qi Gong, Stand Up Paddle, Biken oder Wandern.

Eine Auswahl aus unserem Kursprogramm 2022

Februar / März

26.02. – 4.03.	Fasten & Yogawoche
4.03. – 6.03.	Pilatesweekend
6.03. – 12.03.	Fasten & Yogawoche
12.03. – 18.03.	Yoga & Wanderferien
18.03. – 20.03.	Yogaweekend
20.03. – 26.03.	Yoga & Intervallfasten
26.03. – 31.03.	Yoga & Wanderferien
31.03. – 3.04.	Thai Yoga Massage

April / Mai / Juni

3.04. – 9.04.	Yoga-Intensivretreat
9.04. – 14.04.	Yogaferien
14.04. – 18.04.	Oster-Yogaflowtage
18.04. – 22.04.	Yogaretreat
22.04. – 24.04.	Yogaweekend
24.04. – 29.04.	Yoga & Wanderferien
29.04. – 2.05.	Yogaretreat
2.05. – 7.05.	Yogaretreat
7.05. – 12.05.	Yoga & Pilates
12.05. – 15.05.	Yogaretreat
15.05. – 20.05.	Yoga & Auszeit à la carte
20.05. – 25.05.	Yogaferien
25.05. – 29.05.	Yoga & Shiatsu an Auffahrt
29.05. – 2.06.	Yoga Energize
2.06. – 6.06.	Yoga & Hike an Pfingsten
18.06. – 22.06.	Yogaferien
22.06. – 26.06.	Pilates & Yoga
26.06. – 30.06.	Yoga & Auszeit à la carte
30.06. – 3.07.	Yogaweekend im Tessin

Juli / August

3.07. – 10.07.	Meditations-Intensivretreat
10.07. – 15.07.	Qi Gong Ferienwoche
15.07. – 17.07.	Yogaweekend
17.07. – 23.07.	Sommer-Yogaretreat
23.07. – 29.07.	Yogaferien
29.07. – 1.08.	Yogaretreat
1.08. – 7.08.	Yogaferien
7.08. – 11.08.	Yoga & Auszeit à la carte
11.08. – 14.08.	Yogaretreat
14.08. – 18.08.	Yoga & Shiatsu
18.08. – 21.08.	Yogaweekend
21.08. – 27.08.	Singing Bowls
27.08. – 1.09.	Yoga & Auszeit à la carte

September / Oktober

1.09. – 4.09.	Yogaweekend
4.09. – 8.09.	Yoga & Auszeit à la carte
8.09. – 11.09.	Yogaretreat
11.09. – 16.09.	Yoga & Auszeit à la carte
16.09. – 18.09.	Yogaweekend
23.09. – 26.09.	Yogaretreat
1.10. – 6.10.	Yogaretreat
6.10. – 9.10.	Yogaretreat
9.10. – 15.10.	Yoga & Wanderferien
15.10. – 20.10.	Yoga & Ayurveda
20.10. – 23.10.	Yoga & Pilates
21.10. – 23.10.	Heissi Marroni-Kochkurs
23.10. – 27.10.	Yogaretreat
27.10. – 30.10.	Yogaretreat
30.10. – 4.11.	Yoga & Wanderferien

Neben den Kursen ist stets auch Platz für Individualgäste!

Angeli & Christian Wehrli
CH-6986 Miglieglia
+41 (0)91 609 19 35
casa-santo-stefano.ch

Schweini

Eine Fabel über Freiheit und Anpassung

von Erwin Jakob Schatzmann
Illustrationen: Christine Gluch

Es war einmal ein kleiner Schweinerich, der hiess Schweini und lebte mit einem ganzen Rudel seiner Artgenossen in einem Schweinepferch irgendwo auf dem Land. Es lebte sich nicht schlecht, ein warmer Stall, gefüllte Tröge, aber irgendwie beschlich ihn das Gefühl, das könne doch nicht alles sein, immer nur fressen, schlafen und den ganzen Tag im gleichen Dreck wühlen. Von Ferne sah er die reinen, weissen Schneeberge und eine unstillbare Sehnsucht befiel ihn. Was mochte dort sein? Aber niemand konnte es ihm sagen.

Eines Tages fuhr ein mit vielen quiekenden Schweinen beladener Lastwagen auf dem Hofe vor. Einige Freunde von Schweini, die etwas älter waren und darum schon einiges mehr Speck auf den Rippen angesetzt hatten, wurden vom Bauern und dem Fahrer recht unsanft aus dem Pferch und in den Wagen getrieben. Sie kamen nie mehr zurück. Das gefiel Schweini nicht und eine unheilvolle Ahnung sagte ihm, dass selbiges auch ihm passieren könnte. Er beschloss zu fliehen.

Schon lange war ihm ein Loch im Zaun aufgefallen, das er nun jedes Mal, wenn er sich unbeobachtet fühlte, ein wenig erweiterte, bis es gross genug war, seinen schmächtigen Körper durchzulassen. In einer mondlosen, aber sternenklaren Frühlingsnacht schlich er sich aus dem Kreise seiner schnarchenden Familie und entwich in die ersehnte Freiheit.

Die Strasse hinunter und rechts in den Wald. Ganz geheuer waren ihm die ersten Schritte noch nicht. Die Eule schrie «Huhu!», ein Fuchs schlich sich davon und ein paar Rehe, die auf der Wiese ästen, machten grosse Augen angesichts des seltsamen, haarlosen Tieres, das da an ihnen vorbeitrippelte. Schweini versteckte sich in einem dichten Gebüsch. Kaum aber erhob sich glutrot die Sonne, machte er sich davon, übermannt und berauscht von nie gekannten Glücksgefühlen.

Er rannte zum Horizont, bergauf und bergab, durch Felder und Wälder, machte Luftsprünge und Purzelbäume und legte sich in duftendes Moos. Nach einigen Tagen aber wurde ihm das Herz schwer. So schön die Welt auch war, alleine machte es auf die Dauer einfach keinen richtigen Spass. Oh, wie gerne hätte er die Freude und Schönheit seines neuen Lebens, dieser Welt so weit und voller Wunder, mit seinen Freunden, ja, mit allen Schweinen der Welt geteilt!

Was lag also näher, als zurückzukehren zu seinem Gehege, zu seinen Freunden und Verwandten, ihnen von seinen Erlebnissen zu erzählen und sie ebenfalls zur Flucht zu bewegen.

Dort angekommen, wurde er schon von weitem mit aufgeregtem Gegrunze begrüsst. Die Älteren, die sich nach seinem plötzlichen Verschwinden Sorgen gemacht hatten, freuten sich, ihn wohlbehalten wieder zu sehen, die Jungen lauschten mit gespitzten Ohren und glänzenden Augen Schweinis abenteuerlichen Erzählungen. Sie bewunderten seinen Wagemut und wären ihm am liebsten gleich gefolgt. Einige steckten auch schon mal den Rüssel unter dem Zaun durch, um wenigstens den Duft der grossen weiten Welt und der Freiheit zu schnuppern.

Obwohl solchen Ideen «grundsätzlich nicht abgeneigt», sahen die meisten aber dann doch für sich selber keine Veranlassung, den geschützten Rahmen ihres Pferches freiwillig zu verlassen. Nebst der

hauptsächlichen Bedenken, dass dort draussen zu wenig Futter zu finden sei, machten sie Angst vor Bären und Wölfen geltend (obwohl sie diese nur vom Hörensagen kannten), andere grunzten etwas von «unsolidarisch» und «wenn da jeder wollte».

Seine Aussage, dass sie alle auf der Schlachtbank und als Bratwurst enden würden, wiesen sie als Behauptung und Panikmache zurück. Schweini, in seinem jugendlichen Übermut, liess sich durch ihren Unglauben nicht beirren, er redete, er erzählte von Bergen und Seen, von Flüssen und Wäldern, von der Schönheit einer Blumenwiese oder dem Geruch frisch geschnittenen Grases. Er redete auch vom Wert der Freiheit an sich, von Schweinewürde, ja Schweinerechten, und der freien Wahl des Schlafplatzes.

Da wurde es den ersten langsam zu bunt. Als dann zum Schluss seine Rede noch in einen flammenden Appell zum Widerstand, zur Flucht mündete, verloren die meisten das Interesse endgültig, hielten ihn für übergeschnappt und wandten sich wieder ihren Trögen und Suhlen zu. Etliche fingen sogar an, seiner Reden überdrüssig, mit Dreck nach ihm zu schmeissen. Einige seiner alten, ihm wohlgesinnten Kumpels, die, wie es ihm schien, in der Zwischenzeit bereits wieder etwas fetter geworden waren, blinzelten ihn aus ihren kleinen Schweinsäuglein an und sagten: «Was du erzählst, mag ja wahr sein, lieber Freund, aber uns gefällt es hier. Sieh doch, wir haben hier alles, was ein Schwein wirklich braucht: Einen warmen Stall, genug zu fressen und vor allem die Gesellschaft anderer Schweine.

Diese Berge und Wälder, von denen du uns da erzählst, sind gefährlich, diese Seen und Flüsse brauchen wir nicht. Es genügt uns, wenn wir sie von ferne sehen können. Verlange nicht von uns, dass wir es dir gleichtun. Das können und wollen wir nicht.»

Wie sich die Geschichte weiter entwickelt, erfahren Sie im Bilderbuch «Schweini – eine Fabel von Freiheit und Anpassung» von Erwin Jakob Schatzmann. Nur so viel: Schweini lässt sich nicht zur Sau machen.

Von Heiligsprechung und Verbrennung

Die Walpurgisnacht auf den 1. Mai – der Moment die weiblichen Kräfte zu entfachen.

Wir sind uns wohl mehrheitlich einig, dass die Welt weibliche Kräfte braucht wie selten zuvor in der neueren Geschichte: Intuition, Fürsorge, Entspannung, Vertrauen und die Fähigkeit, Neues entstehen zu lassen. Die Walpurgisnacht vom 30. April auf den 1. Mai ist eine gute Gelegenheit, diese Kräfte zu begrüssen und ihnen Raum zu geben.

Ihren Namen hat die Walpurgisnacht von der heiligen Walburga, die vor Seuchen, Missernten und Hungersnöten bewahren soll. Dazu ist sie die Patronin der Seeleute und der Wöchnerinnen. Geboren wurde Walburga 710 in eine königliche Familie in Südengland. Mit elf wurde sie Nonne und folgte 26 Jahre später ihren Brüdern Wunibald und Willibald als Missionarin nach Süddeutschland, wo sie zwei Klöstern in Heidenheim vorstand und vermutlich 780 starb. Am 1. Mai 870 wurde sie heiliggesprochen, weil sie auf der Überfahrt von England auf den Kontinent das Schiff durch ihre Gebete vor dem Untergang bewahrt haben soll. Der Adel förderte während Jahrhunderten den Kult um ihre Reliquien – Walburga war schliesslich eine der Ihren.

Das Schiffswunder der heiligen Walburga. *Von Peter Paul Rubens (1577-1640), Leipzig, Museum der bildenden Künste.*

Foto: Thomas Kelley/unsplash.com

Die Walpurgisnacht ist aber keine Feier zu ihren Ehren, sondern hat ihren Ursprung im Fest Beltane, einem der vier grossen keltischen Jahresfeste am 1. Februar, 1. Mai, 1. August und 1. November. Beltane ist ein Fest der Fruchtbarkeit und des Neubeginns, das mit zwei Feuern begangen wurde. Das Vieh wurde zwischen zwei Feuerstellen hindurch getrieben, um sie zu reinigen und vor Krankheiten zu schützen. Auch Menschen – vor allem solche, die sich Kinder wünschten – sprangen über die Feuer in eine neue Zukunft,.

Durch die strenge Christianisierung wurde das Beltane-Fest als heidnisch verdammt, aber nicht zum Verschwinden gebracht. Vermutlich waren es die Neuheiden von damals und vor allem die Frauen, die in dieser Nacht das Weibliche feierten. Dass aus diesem Fest in der Wahrnehmung des Volkes ein Hexensabbat wurde, dazu dürfte die Hexenverfolgung ab dem 15. Jahrhundert massgeblich beigetragen haben. Mutmasslich mehr als eine halbe Million Menschen, vor allem Frauen, sind ihr zum Opfer gefallen. Die Bevölkerung wurde zur Abschreckung aufgerufen, an den Verbrennungen teilzunehmen. Um nicht selber auf dem Scheiterhaufen zu landen, wurden viele zu Denunzianten, selbst innerhalb der Familie.

Die meisten guten Frauen sind verborgene Schätze und nur deshalb sicher, weil niemand nach ihnen sucht.
Dorothy Parker

Hier kommt eine weitere Frau ins Spiel, die bayrische Hebamme Walpurga. Unter Folter legte sie ein aufsehenerregendes Geständnis ab, das über ein Flugblatt in Süddeutschland verbreitet wurde und von dem wir heute deshalb Kenntnis haben. Wie sie 1587 vor hunderten von Schaulustigen und in Anwesenheit des Bischofs verstümmelt und verbrannt wurde, sie hier mit Rücksicht auf die Gefühle nicht beschrieben. Die Hexenverfolgung dürfte entscheidend zur Unterdrückung des Weiblichen, «verbotenen» Wissens und natürlicher Heilkräfte beigetragen habe, die bis heute unsere Kultur bestimmt. Man denke nur an die Massnahmen zur Bekämpfung von Covid oder den Umgang mit dem Krieg in der Ukraine.

In der Walpurgisnacht verbinden sich also durch den «Zufall» des Datums das Heilige, das Schützende, das Verbotene und die weiblichen Urkräfte. Warum also nicht in der Nacht zum 1. Mai ein Feuer entfachen und diesen Kräften wieder ein bisschen Schub verleihen? Und dann das Feuer nicht mehr ausgehen lassen. *LB/CP*

Campus Vivere – die Schule leben

Immer mehr Eltern wünschen sich, dass ihr Kind anders unterrichtet und ins Leben begleitet wird, als die öffentliche Schule es anbietet. Private und alternative Angebote haben seit Beginn der «Pandemie» rasant zugenommen. Eine solche Bildungsstätte ist Campus Vivere in Frauenfeld.

Wie soll die Schule aussehen, in die man seine Kinder schicken möchte? Auf jeden Fall anders, als es heute im öffentlichen Bildungssystem üblich ist. Das war Ina Landauer, Doris Stelzmüller und Nicole de Virgiliis klar. Vorstellungen und Ideen für Alternativen hatte jede für sich schon vor der Coronakrise. Doch als die Lockdowns kamen und eine Maskenpflicht an Schulen eingeführt wurde, genügte es ihnen nicht mehr, lediglich über «eine andere Schule» zu sinnieren. Sie verspürten die Dringlichkeit zu handeln und etwas Neues aufzubauen.

«Wir trafen uns im letzten Jahr regelmässig, assen gemeinsam zu Mittag und tauschten uns aus», erzählt Ina Lindauer. Die drei Frauen – alle mit pädagogischem Hintergrund – fanden rasch zueinander und entschieden: Schluss mit dem einseitigen Schulsystem, das auf Gehorsam, Gleichschaltung und Konkurrenz trimmt, anstatt das Potenzial der Kinder zu entfalten.

Nach Monaten von Planung, der Anforderung von Zulassungen und der Suche nach Räumlichkeiten war es im August endlich soweit: Campus Vivere öffnete seine

***Die Initiantinnen des Campus Vivere in Frauenfeld:** Nicole de Virgiliis, Doris Stelzmüller und Ina Lindauer (von links, Bild: zvg)*

Türen für alle, die ihre Kinder anders bilden möchten. Campus Vivere bietet freies Lernen in Gemeinschaft an. Was heisst das? «Wir übernehmen die Privatbeschulung in Kleingruppen und mit Tagesstruktur», so Landauer, «denn es gibt kantonale Vorgaben, die eingehalten werden müssen – da sind wir nicht ganz frei. Aber daneben gibt es viel, das wir selbst gestalten können.»

Den Initiantinnen von Campus Vivere geht es darum, den Kindern nicht nur gängigen Schulstoff zu vermitteln, sondern auch was sonst im Leben wichtig ist, wie Selbständigkeit und Selbstwert. «Damit man sein Potential entfalten kann, muss man sich spüren, also eine Verbindung zu sich selbst haben», sagt Lindauer, die auch als Therapeutin für Traumabewältigung arbeitet. «Wir

Schluss mit dem einseitigen Schulsystem, das auf Gehorsam, Gleichschaltung und Konkurrenz trimmt, statt das Potenzial der Kinder zu entfalten.

Wir möchten, dass die Kinder möglichst wieder in einem natürlichen Umfeld aufwachsen, mit Tieren, musischen Fächern und Meditation.

werden mit den Kindern zum Beispiel auch meditieren.» Des Weiteren wird im Campus Vivere auch Schauspiel, Tanz oder Musisches angeboten. «Eine unserer Lehrerinnen bringt einen Zirkushintergrund mit, eine andere ist Musical-Darstellerin – auf jeden Fall ist bei uns im Schulalltag viel Bewegung eingeplant», sagt Lindauer, die ihre erste Ausbildung als diplomierte Sportlehrerin abschloss.

Auch der Bezug zur Natur, Umwelt und Nachhaltigkeit werden bei Campus Vivere wichtige Themen sein. «Wir möchten, dass die Kinder möglichst wieder in einem natürlichen Umfeld aufwachsen, deswegen planen wir auch, dass Tiere zu Campus Vivere gehören: Schafe, Ziegen, Hühner.» Pferde sind bereits von Anfang an in den schulischen Alltag integriert – Campus Vivere-Mitgründerin Doris Stelzmüller besitzt fünf. So werden die Kinder regelmässig in den Stall gehen und alles rund ums Pferd lernen können.

«Bei uns kann man zu jeder Zeit einsteigen, auch innerhalb des Schuljahres», hält Ina Lindauer fest. Zurzeit seien die Gründerinnen zudem auf der Suche nach Unterstützern, etwa einer Stiftung, damit auch finanzschwächere Familien das Angebot von Campus Vivere nutzen könnten. Auch möchten sie mit Unterstützung ihre Zukunftsvision, einen generationenübergreifenden Lernort mit Altenwohngemeinschaft, Permakulturgarten und Tierhaltung umsetzen können. Denn: «Wir leben den Gedanken der Menschheitsfamilie. Ziel ist es, sich in einer Gemeinschaft geborgen zu fühlen und in diesem geschützten Rahmen zu lernen, zu leben und zu lachen.»

Camilla Landbø

Weitere Informationen: **www.campus-vivere.com**

Der 5G-Wahnsinn

Wie gefährlich sind Mobilfunk und 5G-Technologie wirklich? Und was können wir tun, um uns zu schützen? Diesen Fragen gehen der Physiker Klaus Buchner und die Umweltmedizinerin Monika Krout in ihrem neuen Buch «5G-Wahnsinn» nach.

Die starke Mobilfunkstrahlung macht immer mehr Menschen krank: In Deutschland gelten schon mindestens zwei Prozent der Bevölkerung als elektrohypersensibel. Aber auch bei Tieren und Pflanzen tre-

5G sollte für Gesundheitsschädlichkeit, Gehirnwäsche, Geldgier, Grössenwahn und Gigantismus stehen.

ten zunehmend dauerhafte Schäden auf. Technologien wie 5G könnten auf Grund der hochfrequenten elektromagnetischen Strahlung mitverantwortlich fürs Insektensterben sein. Im kürzlich erschienenen Buch «5G-Wahnsinn» zeigen zwei Wissenschaftler auf, warum dies so ist und wie wir uns schützen können.

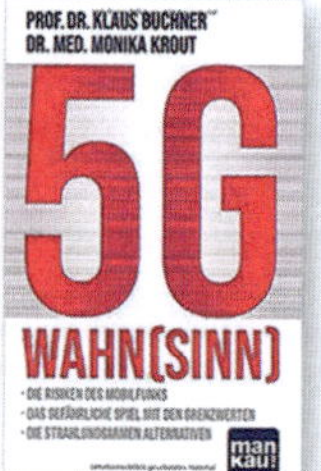

«5G-Wahnsinn: Die Risiken des Mobilfunks – das gefährliche Spiel mit den Grenzwerten. Die strahlungsarmen Alternativen». Mankau Verlag 2021. 255 Seiten. ISBN 978-3863746087.

Der Physiker und ehemalige Europaabgeordnete Prof. Dr. Klaus Buchner und die Umweltmedizinerin Dr. med. Monika Krout ziehen verschiedene Studien und Fallbeispiele heran, über die bisher kaum berichtet wurde. Unter anderem wird aufgezeigt, welche Alternativen bestehen, um die Strahlung auf einen Bruchteil zu reduzieren und sich und seine Familie zu schützen.

Das Buch hat bereits kurz nach der Erscheinung gute Kritik erhalten, zum Beispiel vom Neurophysiologen Karl Hecht, der es als hervorragend und wissenschaftlich sauber fundiert lobt. Journalist Klaus Scheidsteger kommentiert: «Nach der Lektüre dieses wertvollen Buches dachte ich spontan, 5G sollte neu definiert werden. Es steht für Gesundheitsschädlichkeit, Gehirnwäsche, Geldgier, Grössenwahn und Gigantismus.»

Chapeau!

Kira Fässler zögerte nicht lange

Weg von schnell und billig, hin zu langlebig und nachhaltig – so lautet das Motto von Kira Fässler. Ihr Unternehmen «Kiani Activewear» produziert nachhaltige Sportkleidung, unter anderem aus alten Fischernetzen.

Fotos: zVg (Kianis Activewear)

Als die St. Gallerin Kira Fässler nach ökologisch produzierter Sportkleidung suchte, wurde sie nicht fündig. Also sagte sie sich: Selbst ist die Frau. Daraus ist ihr Unternehmen «Kiani Activewear» entstanden, das ein kleines Sortiment an Leggins und Sport-BHs anbietet.

Fässlers Motto lautet: «Weg von schnell und billig, hin zu langlebig, qualitativ hochstehend und nachhaltig.» Die 29-Jährige verwendet ausschliesslich recycelte und natürliche Materialien wie Bio-Baumwolle oder recyceltes Nylon, aber auch Abfall in Form von alten Fischernetzen. «Ein vollkommen plastikfreies Leben wäre das Beste für unseren Planeten», schreibt Fässler auf ihrer Website. «Doch was tun wir mit dem existierenden Plastik? Am besten wiederverwerten – und das ist es, was wir mit unseren Produkten tun.»

Wir ziehen den Hut vor Kira Fässler, die zeigt, dass es durchaus möglich ist, auch im Kleinen kreative und nachhaltige Projekte umzusetzen, die über das Lokale hinaus Wirkung tragen.

Nicole Maron

www.kiani-activewear.com

Chapeau!

Werkstatt achzg52 – ein Mutmacher

Für die Mitarbeit in der Pfarreiwerkstatt achzg52 in Zürich Seebach bekommen bedürftige Menschen nicht nur einen kleinen Lohn. Sie sind auch in einer Gruppe eingebunden, in der sich man sich gegenseitig unterstützt. *Von Nicole Maron*

Als es eines Abends – wie so oft – an seiner Tür klingelte, reagierte der Zürcher Pfarrer Martin Piller ungehaltener, als er wollte. «Ich habe den Bittsteller ganz schön angeknurrt», erinnert er sich. «Was ihm denn einfalle, mich schon wieder ausserhalb der Bürozeiten herauszuklingeln!» Dennoch gab er ihm Geld, wie so vielen anderen, die sich aus finanzieller Not an die Kirchgemeinde Maria Lourdes in Zürich-Seebach wenden. Doch die Begegnung beschäftigte ihn. «Ich möchte allen Menschen auf Augenhöhe begegnen, und das Abspeisen von so genannten Bettlern mit einem Fünfliber ist weit von diesem Anspruch entfernt.»

Aus diesem Unwohlsein heraus und dem Nachdenken darüber, wie man es besser machen könnte, entstand die Pfarreiwerkstatt achzg52 – benannt nach der örtlichen Postleitzahl. Angefangen hat das Projekt vor vierzehn Jahren mit einer Handvoll Mitarbeitenden, inzwischen sind es 150. Grundsätzlich können alle, die im Einzugsgebiet der Kirchgemeinde wohnen, zwei Stunden pro Woche Freiwilligenarbeit leisten. Dafür erhalten sie 30 Franken. Das ist zwar nicht viel, doch es drückt eine Anerkennung

Eine engagierte Kirche kann echte Sozialarbeit leisten, wenn kreative Menschen mit Herzblut dahinterstecken.

für die geleistete Arbeit aus, und ist kein Geschenk von oben herab – und darum geht's bei achzg52.

Die in der Werkstatt geknüpften Kontakte bewegen die Mitwirkenden auch dazu, sich gegenseitig zu unterstützen. «Sie machen sich etwa auf freie Wohnungen oder offene Stellen aufmerksam und tauschen sich über ihre persönlichen oder gesundheitlichen Probleme aus», so Piller. Kurzum: Sie machen sich gegenseitig Mut.

***Umnähen will gelernt sein** – in der Pfarreiwerkstatt achzs52. (Bild: zVg)*

Die Werkstatt ist in verschiedene Bereiche geteilt. In der Holzwerkstatt wird Brennholz für Cheminées und Holzheizungen gehackt. Im Nähatelier werden Kleider umgenäht und aus alten Stoffen neue Kleider hergestellt. Ausserdem werden die Wachsreste der Messkerzen recykliert, um neue Kerzen zu giessen. Auch anstehende Gartenarbeiten wie Rasenmähen oder Aufgaben in der Reinigung können von Mitarbeitenden der Werkstatt übernommen werden. Und die Arbeitsgruppen wachsen: Gerade während der Coronakrise kamen immer mehr Menschen in die Werkstatt – teilweise wöchentlich fünf bis zehn neue.

Wir ziehen den Hut vor dem Engagement der Kirchgemeinde Maria Lourdes, Pfarrer Martin Piller und dem Leiterteam der Pfarreiwerkstatt achzg52. Sie stellen unter Beweis, dass eine engagierte Kirche echte Sozialarbeit leisten kann, wenn engagierte und kreative Menschen dahinterstecken.

***Auf Augenhöhe:** Martin Piller, Pfarrer in Zürich Seebach. (Bild: Christoph Wider)*

Wer achzg52 unterstützen möchte, kann dies einerseits über Spenden tun, anderseits aber auch über neue Aufträge, auch sehr spezifische von Privatpersonen. Zum Beispiel Brennholz liefern, Arbeiten in Haus und Garten verrichten, Einkäufe erledigen, bei einem Umzug helfen oder Kleider umnähen lassen.

www.achzg52.ch

Mein Spamordner

Was ich alles hätte tun oder werden können, wenn ich nur meinen Spamordner gecheckt hätte. Da würde ich hier jetzt nicht eine Kolumne schreiben, sondern einen Kommentar als Chefredakteur verfassen.

Von Anton Brüschweiler

Auf einer Zugfahrt erzählte mir eine gute Kollegin, dass sie zwei Jahre lang arbeitslos gewesen sei, mittlerweile aber glücklicherweise wieder eine Stelle habe. Zuvor habe sie sich während eines Jahres bei über dreissig Firmen beworben, von den allermeisten allerdings nicht einmal eine Antwort auf ihre Bewerbungen erhalten. Letzten Sonntag habe sie aus einer Laune heraus mal ihren Spamordner durchforstet – und dort sage und schreibe fünf verpasste Einladungen zu Bewerbungsgesprächen gefunden.

Zu Hause angekommen kam mir die Geschichte wieder in den Sinn. Vor allem wurde mir bewusst, dass ich meinen Spamordner, ob Sie es glauben oder nicht, noch gar nie angeschaut habe. Mit Herzklopfen setzte ich mich an den Computer. Nach unzähligen Werbungen für potenzsteigernde Substanzen stiess ich auf eine Anfrage des Bundesamtes für Gesundheit. Sie hätten mich gern in die wissenschaftliche Covid-Taskforce aufgenommen, da ich ja im Heimlabor aus Mayonnaise, Himbeer-Confi und Aromat eine eigene Impfung entwickelt habe.

Das Bundesamt für Gesundheit hätte mich in die Covid-Taskforce aufgenommen, da ich ja im Heimlabor eine eigene Impfung entwickelt habe.

Foto: shutterstock.com

Weiter unten sichtete ich eine E-Mail, die vor über einem Jahr irrtümlicherweise im Spamordner gelandet war: Swiss Lotto teilte mir mit, ich solle den Gewinn von 1,4 Millionen Franken in den nächsten zwei Wochen auf mein Konto überweisen lassen, ansonsten verfalle dieser.

Doch es kam noch besser: Ich fand eine Mail von AC/DC aus dem Jahre 2016. Die Band wollte mich als Ersatz für den tragischerweise viel zu früh verstorbenen Rhythmusgitarristen Malcolm Young anheuern. Ebenso wollten mich drei Jahre vorher die Rolling Stones in ihre Band aufnehmen. Des Weiteren fand ich diverse E-Mails des Schweizer Fernsehens. Sie hätten mich gerne als Gast in ihre hochstehende Sendung «Glanz und Gloria» eingeladen. Der absolute Höhepunkt meiner Spamordner-Durchsuchung war jedoch eine sechs Jahre alte E-Mail eines Online-Magazins. Sie können sich denken welches. Dem Vernehmen nach wollten sie mich damals zum neuen Chefredaktor wählen – hätte ich zum richtigen Zeitpunkt geantwortet.

Nach gut einer Stunde schloss ich den Spamordner und schaltete den Computer aus. Ein Gefühl der Genugtuung durchfloss mich. Ich gebe zu, es tat gut zu erfahren, dass ich scheinbar derart begehrt bin. Aber liebe Leserinnen, lieber Leser, wenn Sie nun denken, ich würde mir ob all der verpassten Chancen die Haare einzeln ausreissen, so irren Sie sich gewaltig: Ich bin nämlich mit meinem Leben, so wie es momentan ist, voll und ganz zufrieden.

Anton Brüschweiler ist Musiker, Veranstalter von Anlässen mit Geheimtipp-Potenzial in der Chäsi Gysenstein und Autor des Buches **«Das AntWort – die Wahrheit des Absurden»**, eine Sammlung von lebensrettenden Weisheiten in einer verrückten Welt. 106 S. geb. CHF 19.–. edition.zeitpunkt.ch/buch/das-

Verlagsmitteilung:
Ist ein solcher Unterbruch überhaupt zu entschuldigen?

Anstatt drei hätten in den letzten zwei Jahren acht Ausgaben des Zeitpunkt erscheinen sollen. Unter normalen Umständen wäre ein solches verlegerisches Versagen das Todesurteil für eine Publikation.

Bevor es vollstreckt wird, hier noch ein kurzes Plädoyer: Die Corona-Krise war in meiner Wahrnehmung der Beginn der erwarteten finalen Umwandlung unseres Geld- und Wirtschaftssystems von einer freiheitlichen, genauer neoliberalen Ordnung in ein diktatorisches Regime. Denn Umverteilung kann ab einem gewissen Punkt nur mit Ablenkung und Gewalt fortgesetzt werden. Um diesen wichtigen Moment in der Geschichte zu nutzen, rief ich mit der Corona-Transition eine Informations- und Vernetzungsplattform ins Leben, die für über 50 000 Abonnenten zur einer wichtigen Orientierung wurde. Bei den Verfassungsfreunden hatte ich eine weniger glückliche Hand. Nach fulminantem Start ist dieses politische Phänomen gerade daran, sich selbst zu zerfleischen. Diese Projekte und noch einige mehr entstanden auf dem äusserst fruchtbaren Zeitpunkt-Komposthaufen. Was damals richtig und plausibel erschien, beurteile ich heute kritischer. Ich bitte Sie um Verständnis und sage: Es ist wieder Zeitpunkt. *Christoph Pfluger*

PS: Alle Aboperioden werden nachgeführt. Niemand erhält weniger Zeitpunkt, als er oder sie dafür einen freien Beitrag bezahlt hat.

Impressum

ZEITPUNKT 168
FEB/APR 2022
Erscheint vierteljährlich
31. Jahrgang

REDAKTION & VERLAG ZEITPUNKT
Werkhofstrasse 19
CH-4500 Solothurn
Tel. +41 (0) 32 621 81 11
mail@zeitpunkt.ch
www.zeitpunkt.ch
fb.me/ZeitpunktMagazin
Geldfluss:
CH08 0900 0000 4500 1006 5
DE67 6001 0700 0342 0347 06
ISSN 1424-6171
ISBN: 978-3-907263-09-9

REDAKTION
Nicole Maron, Camilla Landbø, Christoph Pfluger

HERAUSGEBER
Christoph Pfluger

AUTORINNEN UND AUTOREN DIESER AUSGABE
Linda Biedermann, Mathias Bröckers, Anton Brüschweiler, Phil Butler, Barbara Hagmann, Nicolas Lindt, Nicole Maron, Erwin Jakob Schatzmann, Bernd Schöpe, Ernst Wolff.

TITELBILD
Sabrina Halbe

KORREKTORAT
Manu Gehriger

ANZEIGEN UND ABOS
Verlagsadministration
Linda Biedermann, 032 621 81 13
inserate@zeitpunkt.ch

ABONNEMENTSPREISE
Der Preis des Abonnements wird von den AbonnentInnen selbst bestimmt.
Geschenkabos:
Schweiz: 50 CHF
Europa: 60 EUR
Einzelnummer:
15 CHF / 15 EUR
abo@zeitpunkt.ch

DRUCK UND VERSAND
AVD, CH-9403 Goldach

VERTRIEB DEUTSCHLAND
Synergia Auslieferung
Industriestraße 20
64380 Roßdorf
Tel. +49 (0) 615 460 39 50
info@synergia-auslieferung.de